# 衡中开学手册

## （家长版）

主编：郗会锁　王建勇

人民日报出版社
北　京

# 本书编委会


**主　编：** 郗会锁　王建勇

**副主编：** 王文霞

**编　委：** 杜文星　李先辉　白　建　陈志涛
闫　乐　王丽娜　李子楠　牛　犇
杨　建　李俊峰　王　行　司　铭
侯阳春　张　博　樊春博　苑珍珍
赵　鹏

# 目　录
CONTENTS

## 第一章　助力孩子成长
——衡中家校互联的配合

## 第二章 共课孩子发展
### ——衡中学业规划的设计



## 第三章 提升孩子素养
### ——衡中特色活动的参与

## 第四章 培养孩子习惯

——衡中管理制度的理解

第一章

# 助力孩子成长

## ——衡中家校互联的配合

## 第一节 优秀学生家长教育案例

如今家庭教育已经引起越来越多人的重视，很多家长在教育孩子方面投入了越来越多的精力。我校的学生家长里也有这样一些有心人，他们在家庭教育方面投入了大量的心血和智慧，在探索过程中，有失败的泪水，有问题来临时的困惑，更有经过一番努力最终解决问题后的喜悦。或许，在您看来，他们的方法还不够完善，他们的意识还不够超前，但这并不重要，重要的是他们不再是只注重孩子的学习成绩，而是更加注重孩子思想成长和行为习惯的养成；重要的是他们已经开始认识到教育不只是一门科学，更是一门艺术。

### ◎家校携手，共育花开

（116 班孙源家长）

衡中对诸多学子来说，毋庸置疑地成为其考入理想大学的求学圣地。在通往大学的朝圣路上，每一位朝圣者也注定付出艰辛，经历磨砺与洗礼。

孩子到衡中就读快一个学期了，身为家长的我们似乎不约而同地在孩子身上看到了经历磨练后的成长和蜕变。作为家长的我们深知百炼成钢的道理，都坚信衡中这座大家庭的熔炉必然会锻造出好钢。

孩子成才，关系命运，情系家庭，干系未来；根在自身，本在学校，源在家庭。教育始终是一个家庭的头等大事，家长在配合学校、老师教育孩子方面，应主动担当、积极作为，我粗浅地认为应该从“抚其心、明其位、励其志、定其力”方面努力践行。

**一、抚其心，做孩子脆弱心灵的“抚慰剂”**

孩子的心灵无疑是脆弱的。初次离开父母，初到陌生环境，初犯铁律校规，太多的初次对“蜜罐子”和“温室”中长出来的孩子来说，原本就不强大的心灵在入学之初显得尤为脆弱。孩子需要倾诉，家长需要倾听，此时与孩子的沟通就显得十分重要。我觉得畅通与孩子的沟通渠道是关键。

首先，密切关注孩子的动态。家长通过接听电话、关注家长群及学校信息平台等途径随时掌握孩子动态，发现苗头性问题及时劝慰，及时化解心理矛盾。

其次，主动与老师沟通。孩子心里是怎么想的一般不敢主动找老师直接沟通，家长是第一知情人，家长解决不了的应该主动向老师求助。最近选科分班后，孩子有些情绪不稳定，学习不在状态，我主动向赵迪老师求助。赵老师百忙之中找孩子谈心了解情况，做了耐心细致的思想工作，对孩子面临的困惑进行了点拨。从孩子的表现看，确实收到了吃定心丸的作用。类似的状况，我也曾求助于李轩等老师，许多问题都迎刃而解了。

老师们朝五晚十地辛苦工作，全身心地扑在工作上，一切都是为了孩子。所以，家长要充分理解老师、相信老师，因为老师的教育永远是正能量的、充满力量感的，这也是我们家长所不及的。

**二、明其位，做孩子准确定位的“经纬仪”**

衡水自古多才俊，衡中无疑人才济济，且多为翘楚。我多次被衡中孩子们考分之高惊到。对我家孩子来说，她的成绩由原来的中等逐渐变成了班级的“尾巴”。衡中的老师都是负责任的，孩子也成了各科老师的重点帮扶对象，连跑带颠似乎还有些跟不上节奏。那段时间，孩子非常苦恼，确实“找不着北了”。此时，孩子原有的自信全然不见，自卑、迷茫油然而生，难题不会做，甚至简单的题也开始丢分了。我隐约地感觉到，孩子要迷失自我了。利用孩子放假的时间，我们去衡水看望她，帮她分析学习美术与文化课双重压力及学习方法等客观因素，帮助孩子确定了“平和心态、注重基础、改变方法、稳步推进”的定位，帮助孩子找到适合自己的位置，重新定位，重拾信心，从而使成绩得以稳中有升。类似这样的阶段性定位，会贯穿孩子学习的始终。

**三、励其志，做孩子人生航向的“指南针”**

孩子当初去衡中心气很高，高手如林的概念是没有的，后来几次看到考分的差距，让她感觉到“理想很遥远，现实很骨感”。她曾经打电话追问我们：“衡中老师那么优秀，每天却那么辛苦地工作；对不优秀的我来说，将来能干什么呢？”她似乎对考美术设计类院校的梦想产生了些许疑惑，这或许是孩子对世界观、人生观、价值观的第一次郑重考量。衡中的励志教育始终做得很好，这样的追问，孩子会在未来的学习中找到答案。我只是告诉孩子，衡中的优秀学子们最终都会回归社会，可能会有平凡的岗位、普通的工作，但无论何种岗位，爱岗敬业、奉献社会、体现价值都是人间正道。

**四、定共力，做孩子永不言弃的“守护神”**

我理解“坚持到底、拼搏奋进、永不言弃”是衡中人骨子里的精神。孩子入学后，出现了成绩下滑、情绪波动等诸多问题，有时甚至感到她忙得焦头烂额了，但“放弃”一词始终没有轻言。我知道，她骨子里已经开始流淌衡中精神的血液了。在孩子苦闷的日子里，我写了一首诗送给她，“涅槃烈焰灼日烧，凤凰展羽比天高。遥想栋梁擎天日，寒门学子畅九霄”，让她明白“凤凰涅槃，浴火重生”的道理。她把一篇题目为《秋》的作文给我看，说写出了她的真情实感，被老师给了高分。她在作文里写道：“猛然想起信老师的一句话，‘抓住秋天的尾巴，也许明天就是冬天’。我因此决定写下这篇文章，献给教会我自信、自强的秋。”我想，在这令多数世人伤感的秋中都能找到自信，怀揣着美术梦想的孩子怎么会轻言放弃呢？

衡中始终站在全国教育教学改革的最前沿，引领时代之先，眼界之宽、平台之高是毋庸置疑的，家长们更应该坚定“不是孩子自己选择了衡中，而是我们与孩子共同选择了衡中”，要树立“一人来衡中，全家衡中人”的理念，与衡中“家校携手，共育花开”，这是我们家长的应尽之责。

教育永无止境，在孩子的教育问题上，无论是孩子、家长甚至学校，都始终走在成长的路上。

我们有充分的理由坚信，选择衡中，一切皆有可能！

## 经营一个和谐有爱的家

（204 班李金骏家长）

在心里种花，人生才不会荒芜；在爱中耕耘，生命才更有意义。孩子就像播撒在春天的种子，我们期待收获什么，就需要播撒什么。我觉得儿子今天能够成长为现在这样一个独立、自尊、自强的青年，很大程度归功于我发现了一个亲子养育的秘诀——那就是用真心真意去经营一个和谐有爱的家。

儿子5岁时，我和爱人时有争吵，至今我都能记得儿子害怕地抱着我的大腿，当时那个可怜无助的眼神，让当妈的我心疼极了。痛苦的正面意义就是催人改变，我决心给儿子一个温馨和谐的家，我开始学习和改变。

**第一点，家是讲爱的地方，不是讲理的地方。**

刚进行心理学学习的时候，我不明白为什么夫妻双方明明心里很在意对方但是一说话就吵，他为什么就不能让我一步呢？我把自己活成了一个抱怨十足的女人。

一次，我把我的困惑向一位婚姻专家请教。老师问我："婚姻中你想要什么？"我回答道："我想要我们两个人相亲相爱、互相支持、白头偕老。"老师又问："关于你想要的，你是怎么做的？"当时我瞬间泪崩，我看到了那个在成为妈妈后的我，每天辛苦工作，全力照顾孩子，印象最深的是双方互相指责，拼命要求对方服从的一幕幕过往，那是一个心酸、疲惫至极的女人。我看到了我做的与我要的，全是在背道而驰。那一瞬间我幡然悟到经营婚姻的实质，只有不忘初心，践行初心，才能方得始终；更明白了作家高尔基对婚姻的诠释，婚姻是两个人精神的结合，目的就是要共同克服人世间的一切艰难困苦。于是我提醒自己，要把两颗心合在一起，无论做什么都先问问自己，这与自己想要的是一致的吗？为了让自己的所做与想要相匹配，于是我们之间说话的语气变得和气了，遇到不同意见时也更多一些求同存异了，这是回归家庭的第一小步。当跑到反方向的车一旦调头，向前的生活便多了光亮和希望。

**第二点，夫妻恩爱是为人父母的天职。**

大多数从和谐家庭中走出来的孩子都幸福指数高、情绪稳定，更能聚集目标，身心有力量，在实现理想和目标上能轻松达成。为了我们自己的幸福，也为了孩子的未来，我和爱人决定做建设家庭的责任者，主动经营我们的夫妻关系。

我们开始调整家庭序位，男人只有得到足够的尊重才会在一个家中发挥他引领的作用。作为妻子，我开始让自己时刻看到爱人做到的而不是他没做到的部分。我看到了无论我们怎么吵闹，他都坚定地守护这个家的完整；我看到了他接送孩子的守时，让孩子充满了安全感；我看到了他安排全家人去泰山游玩全程做得又细心又全面。每次他做到我都及时给予肯定和感谢，就是这样一个简单的心理学中的调焦操作，眼见着我的爱人开始变得越来越主动，越来越有力量，对我和孩子也多了更多的热情和爱的表达。当然当我给出了肯定和感谢时，奇妙的是爱人也将同样的回馈给了我，这正是爱出者爱返，我们夫妻俩越来越亲密，孩子也越来越放松和开心。

**第三点，时刻觉察，清醒区分，做孩子有力的支持者。**

在与孩子互动中，我们要时刻做到觉察和区分——我们是在让孩子做满足我们需求的事情还是在支持他做他自己想做的，前者是控制是自私，后者才是爱与支持。

记得孩子在初三寒假的时候，有段时间对网络游戏到了着迷的程度，完成作业后就偷偷找机会玩游戏。我们家很久都没有的风波又一次被掀起了，当时我们也是各种焦虑担心，于是找老师配合、各种谈话，爱人拉电闸关网、孩子关门我砸门、谈不拢甚至也有动手打骂等都无效，挫败感十足。

那年正月初八早上，我气得开车在高速路上放声大哭。我问自己，我这是怎么啦？我看到了内心已被焦虑、恐惧自责和愧疚占满，这些情绪的背后就是我认定了孩子这样，如果制止不了就会耽误他的前途，毁了他的一生，那我们就不是好父母，我们就是无能的父母，我们就有罪。这时我意识到，这些复杂的情绪是我的，我让孩子停下来更多的是为了满足我不想去体验那些痛苦，那些都是我的局限认知和不安全感，是这些导致了我的失控。当我把自己调整好之后，回去再和孩子沟通出奇地有效，真正的原因是控制我的那些情绪都已经被处理掉了。一个被情绪控制的人，智商等于零，而去掉情绪的我看到了事情的全貌，理智这时才恢复了主导。

在沟通中，儿子感受到被理解和信任，我们的关系瞬间缓和了下来，儿子竟然当场表态："妈妈，今天十一点半我就把手机交给你们。"他玩游戏的时间在后面的一个星期左右就调到一个合理的范围内。经由这次风波我们适时地与孩子一起做了一些他希望我们和他一起做的事情，比如有个专门的时间我们三口人在一起谈谈心里话；比如他希望我们不落伍会给我们讲现在青年人关注的前沿的网站、流行语，会布置我们看一些青年人喜欢的书籍、电影和动漫等等。看似吃吃喝喝、玩玩乐乐中，我们的关系变得史无前例地好起来。结果儿子回馈我们的是成绩一直在进步，直接进步到年级前20名。一个被父母充分给予理解和支持并且被允许做自己的孩子，他的人格一定是健康和健全的，生命力是强大的。

家庭是社会最小的细胞，家庭和谐事关社会和谐。家庭教育促进法指出未成年人的父母应当树立正确的家庭教育理念，自觉学习家庭教育知识。世界上从不存在完美的没有犯过错的父母，当今的社会，我们都要学习做成长型父母，用我们的诚心去铸造一个有爱的家，用我们的爱心去托起祖国的未来，让我们一起勇担为祖国、为社会培养自尊自爱自强的青年人的责任。

## ◎用心去爱，放手成长

（211 班鲁洁璠家长）

孩子是祖国的未来，也承载着家庭的梦想。现在家庭中孩子都比较少，孩子一般都是在众星捧月中成长起来的，尤其隔代老人帮忙带孩子，容易宠溺孩子，让孩子形成“老虎屁股”碰不得的性格，这样容易使孩子智商高而情商低，走向社会时四处碰壁，各种不适应，甚至自暴自弃，走上歧路。

在儿子的成长过程中，我一直认可这句话：“孩子不是你的私有财产，而是社会的人，要用心去爱，放手成长。”在日常的教育中，我比较重视孩子的情商和逆商教育，这得益于2005年无意中听到的余世维教授“管理者情商”这门课程。在此我与大家分享一下儿子成长中的经历与我的教育心得。

**一、教会其选择，尊重其选择，帮其克制欲望**

从儿子懂事起，我们便和他有一个约定：玩具或零食每次只允许买一个，并且不能太贵。比如，去超市购物，儿子既要玩具小汽车又要零食，逛的时候我们允许他往购物车里放自己想要的所有东西，但是结账的时候只给他结一样，这时候让他选择一个最喜欢的留在购物车里，其他的让他放回原位或交给理货员阿姨。刚开始他会哭闹，甚至撒泼打滚，但我们坚持“只买一个”的原则不屈服。

他到幼儿园大班的时候，学加法了，我们每次带他去超市都会给他10元钱，让他可以选择自己喜欢的玩具和零食，每次都是他自己拿着10元钱单独结账。他学会了自己把喜欢的东西价格加起来与10元钱比较，只有小于10元他才会去结账。每次结账看到收银员阿姨赞许的目光，他都很自豪。

老人们埋怨我对孩子苛刻，但我坚持认为这是在培养孩子的良好习惯。人的欲望总是无止境的，不可能全部得到满足，所以必须学会选择，克制欲望。

**二、让其学会担当，明白既然做出选择就要承担后果**

儿子刚上初一的那年国庆假期，本来我们安排好2日到4日去外地旅游，所以国庆当天想让他多写一些作业，好为外出留出时间，结果他只顾玩电脑，对我们的屡次提醒表现得很不耐烦，所以我提出警告："你可以选择继续玩游戏，但是你不能去旅游了，要不你就必须完成2日的作业进程。二选一。"他对此仍置之不理。2日早上我们把他叫醒，说我们要去旅游了，不带他了，让他自己去姥姥家吃饭。他仍不相信我们会真的把他一个人留在家里，倒头就睡。我硬下心肠，启动汽车驶向目的地，路上心里一直在问自己这样是不是对孩子太苛刻了，但是另一个声音告诉自己必须让他为个人的选择付出代价。没有了他的旅游行程缩短了，并且心情很不爽，但是通过这件事让儿子明白一个道理：既然选择了，就要对选择产生的结果负责。

**三、助其树立明确目标并监督其为之奋斗**

人必须有目标，才会有前进的动力。儿子一上初中就确定了一个目标——考上衡中，他的口号也从"崇德尚文"到"追求卓越"。为了这个目标，他一直在努力学习，偶尔贪玩，可一听到这句话就会有所收敛。他上初二时体育成绩还不太好，为了成绩变好这个目标，每天晚上去休闲广场锻炼，从来不喊辛苦。其间有几天下着小雪，他也没有停止过。腊月二十九晚上，我陪他到休闲广场练习，看到周围万家灯火、喜气洋洋，沉浸在过年的气氛之中，孩子却在默默地咬着牙一组组按照老师要求练习跑跳动作，我的鼻子也有点儿发酸。有志者，事竟成，中考体育考试他如愿拿到了满分，通过这件事他也明白了树立目标的重要性。

**四、注重逆商培养，帮其做好情绪管理**

儿子在小学时比较听话，随着年龄的增长、自我意识的增强，也进入了挑战老师、挑战规则的青春期。记得他刚上初一不久，下课时间不再像小学那么松散，老师要求提前两分钟回到座位做上课准备。一天上午是英语课，眼看快上课了，他还不紧不慢地在楼道里走，英语老师就让他走快一点儿，他认为还没到上课时间，就没按老师的要求去做。老师很生气，批评他，他气得把书摔在书桌上，因此被罚站并且要求中午回家后让家长打电话给老师。他回家后压根儿就没提这件事。下午上课时老师问他跟家长说了没有，他说没说，老师说晚上回家一定要跟家长说，否则就停课。他害怕了，晚上吃饭时有点儿不自然但也没说，写完作业才支支吾吾地对我们说了这件事。我一看表已经晚上10点多了，这么晚了再给老师打电话也不方便了，于是让他好好写一篇检查，明天主动交给老师，然后我再给老师打电话。他一听就炸了，说自己又没有错，上课又没有迟到，老师为什么说他，说学校这个破规定就不合理。我们耐心地教育他，解释这个纪律这样制定是为了让学生更好地听课，说老师是出于爱他的初心才会批评他，是想让他学好。一开始他不认可，并以不再去上学威胁我们。通过两个半小时的耐心开导，他终于低头了，认识到自己的态度有问题，写了一份检查。处理完这件事情已近午夜1点，但我认为这很值得。孩子在成长的路上必须学会管理自己的情绪，适应环境，而不是随性而为、拒绝改变、挑战规则。

第二天，我和老师通过电话沟通，得知他已经递交了检查，这才放下心。通过这件事，他对英语老师非常敬畏，成绩提高了不少，并且再也不跟老师们耍小脾气了，对他控制情绪也起了很大的帮助。

以上是儿子成长中的一些小事，但是通过这些小事，我觉得对他性格的养成起到了很好的推动作用，希望我的儿子能如我所愿成长为一个光明磊落、顶天立地、性格阳光的男子汉，一个对社会有用的人。

最后以纪伯伦《先知》中对孩子的论述与为人父母者共勉，对孩子要用心去爱，放手成长。

你的子女，其实不是你的子女。
他们是生命对于自身渴望而诞生的孩子。
他们借助你来到这个世界，却非因你而来，
他们陪伴你，却并不属于你。

你可以给予他们你的爱，却不是你的想法，
因为他们有自己的思想。
你可以庇护的是他们的身体，却不是他们的灵魂，

因为他们的灵魂属于明天，
属于你在梦境中也无法达到的明天。
你可以拼尽全力，变得像他们一样，
却不要让他们变得和你一样，
因为生命不会后退，也不在过去停留。

你是弓，儿女是从你那里射出的箭。
弓箭手遥望未来之路上的箭靶，
用尽力气将你拉开，使箭射得又快又远。
怀着快乐的心情，在弓箭手的手中弯曲吧，
因为他爱一路飞翔的箭，也爱无比稳定的弓。

## ◎花期不同

（576 班王晨旭家长）

首先感谢衡水中学给我这次机会，能和大家一起交流教育孩子的心得体会。其实，刚接到老师约稿信息的时候，我心里着实扑通了一下，第一反应就是应该让成绩优秀的孩子的家长来讲讲教育问题，可老师说优秀的孩子不是简单用成绩好坏来衡量的。听到这句话，我明白自己和大多数人一样也进入了一个误区，作为家长我需要检讨。分数只是孩子成长过程中的一部分，孩子分数的高低说白了只是家长的面子问题，家长应该更多地关注孩子的心理健康成长才能让孩子得到全面的发展，所以今天我简单把和孩子一起成长的过程和大家分享一下。

说到教育孩子，我的理念是“才者，德之资也；德者，才之帅也”，成人成才要并行。俗话说，“生孩子不易，养孩子更难”，也就是说，从孩子生下来，作为父母的责任就开始了，不只是让孩子吃饱穿暖就可以了，而是如何把孩子培养成对社会有益的人。对社会有益的人，不是高分低能，而是一个有知识、有修养、有责任心、敢于担当、乐观自信、积极向上的人。

在教育孩子时，我掌握的原则是：首先，把孩子当成朋友进行交流，遇到问题学会换位思考；其次，作为家长必须把握住大方向和底线，更重要的是以身作则。这几个原则不是独立的，而是密不可分的。

**一、和孩子做朋友**

在日常生活中，我们会遇到各种各样的事情，而父母之间的关系和与孩子愉快地相处会给孩子的心理健康造成很大的影响。孩子和父母说话的时候父母要尽量倾听，不要打断孩子，不管是不是感兴趣，也不管工作多累。到家了，你就不再是单位的员工、领导，你只是孩子的爸爸妈妈。儿子小时候我带他出去玩，每次都是儿子边走边讲自己编的故事。有时候我觉得太天马行空，但尽量不打断他；有时候我走神了，想自己的事情了，但很快会把思维转回来，问孩子故事的细节，表示对他的故事很感兴趣。这样，孩子会习惯把他的想法说给你听，作为家长也能了解孩子更多的心理状态。

孩子喜欢的东西随着年龄的增长会有所变化，作为家长，不能说这个不好那个不好，也不要把“想当年我怎么怎么样”挂在嘴边，毕竟我们那个年代的物质生活和孩子现在所处的环境等各方面都有着巨大的差别。但是，外界环境改变了，每个人的心理成长过程还是不变的，所以作为家长要学会换位思考，想想自己在同样的年龄是不是也看武侠小说，是不是也对什么都好奇。从小到大，孩子喜欢的东西我一般都跟着一起学习，甚至比孩子了解得还要多些，这样更能和孩子有共同语言，孩子也更加信任家长。儿子1周岁的时候喜欢恐龙、汽车，那时候我买了许多相关内容的画册，剑龙、翼龙、霸王龙等，它们的特征、饮食包括自身防御武器我都了解得一清二楚。孩子从2周岁直到现在都喜欢迈克尔·杰克逊，所有关于他的光盘和歌曲我都在家里存放着，我们也经常和孩子一起听他的歌曲。孩子喜欢组装四驱车，我就成了组装高手；喜欢悠悠球，我也跟着练了几招；喜欢机器人高达，我也了解了什么是限量版；喜欢圣斗士星矢，我也顺便了解了青铜圣斗士。孩子后来喜欢的兵人、苹果、乔布斯等，随着不同阶段的喜好，我都尽量和孩子一起认识、了解，陪儿子一起去旗舰店，连店员都说我还挺时尚的，什么都懂。没办法，和孩子一起成长，就是要接受新鲜事物，与时俱进，让孩子在兴趣中学习。

孩子上初中时正赶上钓鱼岛事件。当儿子问起钓鱼岛问题时，我和他爸爸并没有直接告诉他，而是让孩子首先在地图上找到方位，然后分析为什么日本要钓鱼岛，由此引导孩子从1895年的《马关条约》到“二战”的《开罗宣言》、从1951年的《旧金山和约》到1972年的中日邦交正常化，直到2012年日本栗原家族、“国有化”，等等，通过有兴趣的了解，让孩子在某种程度上学会学习、感兴趣地学习。

**二、学会换位思考**

父母和孩子的意见总有不一致的时候，尤其是青春期的孩子。在这个时期，孩子自我感觉长大了，对任何事物都有自己的见解，总是感觉父母不理解自己，这是俗称叛逆期的阶段。很多家长都有过类似的经历，孩子和自己顶嘴、不听话，甚至和父母成了“对手”。遇到这样的情况，我处理问题的原则是只要不突破底线就可以让孩子去尝试。不撞南墙不回头，让孩子自己感觉不合适了就再也不会出现类似的事情，只有孩子自己认识到了才会真的改变。

**三、把握大方向和底线**

换句话说就是什么可以尝试去做、什么坚决不能做。我对孩子说：“从大方向来说，首先，生命是最重要的；其次，家永远是最温暖的地方，不管做错了什么都要回家。底线是，首先，毒品、赌博是坚决不能碰的；其次，对任何事情都不能上瘾，不论好与坏；最后，可以犯错，但是相同的错误不能再犯。”

通常教育孩子的时候，爸爸妈妈很多时候会持不同意见，甚至是相反意见，我和老公也经常讨论，但是从不在孩子面前争执。爸爸妈妈要互相维护对方在孩子心目中的形象，即使爸爸说的不合妈妈的心意，妈妈也要维护爸爸，但是私底下要沟通，达成共识再跟孩子说。同时也要征求孩子的意见，然后讲清利弊，让孩子参与发表意见，允许孩子自己选择，作为家长只要把握住大的方向和原则就可以了。

**四、以身作则**

以身作则，知易行难，其实作为家长要时刻记得，家长是孩子最好的老师，一举一动、一言一行都是孩子模仿的榜样，所以在家里千万不能有“只许州官放火，不许百姓点灯”的事情，只要孩子在身边，就从自身小事做起，类似随地扔垃圾、闯红灯等小行为都要注意。给孩子立什么规矩就要自己先做到，不能总说“我吃的盐比你吃的米还多”的话，这句话现在已经不管用了，孩子会说“那是你的生活习惯不好，吃盐太多”！

每个孩子都是唯一的，要让孩子成为一个德才兼备的人，作为家长对孩子要做十件事：拥抱你的孩子、肯定孩子的优点、正确的导向、纠正错误时的耐心和原谅心、经常给孩子正向的鼓励、父母和孩子之间民主的地位、父母对孩子的观点和想法有兴趣、没有“暴力”的氛围、愉快的家庭生活、心与心的沟通；要让孩子远离六大问题：自私、抱怨、借口、自满、放弃、拖延。

我个人非常喜欢一段话，在此也送给大家：当你这周或下周看到孩子成绩时，无论好坏，请想想每个孩子都是一朵花的种子，只不过每个人的花期不同。有的花，一开始就会很灿烂地绽放；有的花，需要漫长的等待。不要看别的花怒放了，自己的那粒种子还没动静就着急，相信是花都有自己的花期。细心地呵护自己的花，慢慢地看着它长大，陪着它沐浴阳光风雨，这何尝不是一种幸福。也许你的种子永远不会开花，因为它是参天大树！

## 蓦然回首，她在丛中笑

### ——写在女儿18岁成人之际

（790班何逸灿家长）

女儿何逸灿即将年满18岁。

回想我们是从何时开始重视家庭教育的呢？应该是在女儿非常稚嫩幼小之时吧。已逾四十的同事语重心长地劝诫我，“千万要把孩子从小就教育好，不要等到自己中年时再去管教，那时孩子已经无法调教了，那会是很后悔、很绝望的事”，而这正是她当时的境况。这促使我更加努力学习家庭教育，同时订阅好几种杂志（比如，《家庭教育导读》《父母必读》《家庭教育》《亲子·根基》《家长》），疯狂购买相关书籍，四处打听并积极聆听家庭教育讲座，开始坚信“家庭教育的本质就是父母和孩子共同成长”，想方设法厚植作为父母的人生功底，为活明白自己的人生从而更好地养育女儿而努力，毕竟残酷的真相是：孩子的成长只有一次，不能从头再来，错过了就没有后悔药。

**一、父母之爱子，则为之计深远**

在女儿一年级的家长会上，我阐述了自己的想法：父母就应当在孩子3岁时预见她的13岁，琢磨她23岁甚至33岁那个时代，需要怎样的素质才能应对与顺遂。我们是摸着石头过河地养育着唯一的宝贝，没有任何经验可循，但绝不能过一天算一天、过到哪儿算哪儿。

宏观上要站在当下面向未来，要积极思索、探究：20年之后，当我们的孩子都已成人，在社会上独当一面时，需要哪些综合素质？世界不是按照领域来划分的，而是围绕挑战组织起来的。当我们以为学校只是给学生灌输知识的场所时，学校早已开始了自我进化，让课程对接真实世界的挑战。课程不再是知识的注射器，而是要把社会上的那些挑战、孩子们将来会遇到的那些问题打包浓缩，变成课程，让学生们提前体验、提前触发禀赋。那么身为父母，更要为孩子未雨绸缪，有意识地训练孩子安全、健康等基本的生存、生活技能：除了专注力、记忆力、思维力、演说力等学习能力之外，还要有吹拉弹唱等娱乐身心、安顿心灵的才艺与兴趣；除了表面显性看得见的技能之外，更重要的是锤炼人格、胸怀、气度、品行等看不见的东西。孩子就是格局要大，既要用心灵去观照整个宇宙，又要能看到小我的喜怒哀乐，活得阳光、向上、坦荡与磊落，坦然面对困难、挫折，勇敢积极地去解决所有问题。

微观上要秉持“孩子的每一天都只有一次”的原则，对每天的日常雷厉风行地完成、处理，绝不拖延：听说哪本书对女儿好，当天就要买到、读到，如果实体书店没有就赶紧网购，不论是该她读的还是该我读的；听说哪里举办有趣的活动，想方设法带着她，鼓励她去参加；听说哪部影片有益于女儿的成长，办个会员当天就要观看；学校要求家长完成的各项任务，不打折扣地着手完成……

**二、关系大于教育**

女儿同学的妈妈跟我说，你家何逸灿在做“房树人”的心理试验时，画了好几个树洞……孩子的心上能没有树洞吗？爸爸为了修建大型水利工程，常年不在孩子身边；妈妈曾经一度轻微抑郁，孩子就成了妈妈发泄的对象。实在是对不起孩子呀！出于补偿心理，我加倍弥补她爸爸缺席的不足，想方设法地陪伴女儿走好决定她人生关键的前15年。孩子出现问题往往和原生家庭有关，问题家庭中很容易出现问题孩子，而问题家庭首先是夫妻关系出了问题。

我们夫妻常年两地分居，在女儿较小的那几年里，我们的夫妻关系处于大吵大闹状态，经常是吵闹过后，我还要转过身来安慰女儿：“爸爸妈妈吵架是为了把日子过得更好的一种沟通方式，不是坏事；幸福夫妻并不是从来不吵架，而是在争吵之后仍然愿意握着彼此的手；其实感情里一件很暖的事就是吵架归吵架、生气归生气，但不耽误妈妈爱爸爸、爸爸爱妈妈。”但这些安慰的话对孩子来说并没有起到积极的作用。后来通过学习，我开始改变，我和孩子爸爸开始当着女儿的面秀恩爱，有实在化解不了的矛盾时一定背着孩子关起门来理论。每每女儿从学校打来电话，都是我和她爸爸约会、逛街、旅游时。女儿高二升高三的暑假，愉快地说：“妈妈，好像你现在没那么嫌弃爸爸啦。”我笑着说：“这你也发现了？我觉得吧，反正我也不会和你爸爸分开，那就应该和他幸福地好好生活下去，就有了爱他如初恋的感觉。你是不是回家以后感觉也挺好的？”女儿听后笑出了声。夫妻关系不和谐，孩子在家庭里就很难体验到温暖和幸福。

身为父母，给予孩子最好的教育便是善良的教育，是爱的教育。我们爱她，我们也爱我们自己的父母，她的爷爷奶奶、外公外婆。我们每个月都会像发工资一样准时给没有养老保障的爷爷奶奶赡养费，会不定期地陪伴有退休金的外公外婆买衣服、买生活必需品、逛街等。

我们母女的关系如闺蜜，时常让她爸爸忌妒。女儿更喜欢给我打电话说心里话，只要有时间，我们可以一聊一两个小时。我总是尊重她的意见，而对不同意见则用“爸爸妈妈建议你”的方式，将选择权留给她自己，让她不会以我们家长的意志为转移。我也总是采用正向、正面的方式鼓励她，即使考试不理想，我们也从来都是帮她分析试卷、自我解剖，对她说防止以后再犯就好了。我想让女儿感受到的是：作为妈妈，能给予的是陪伴和肩膀，是遭受委屈时的拥抱、遭遇困惑时的信念、经历挫折时的力量。

我家这对父女的关系到了女儿上高中时更加融洽。一个孩子的成长，一定需要一个理想化目标的牵引，这个最佳人选毫无疑问应该是父亲。何为父？“父”字乃斧之初文，其字形为两把板斧：一把是思想和智慧，另一把是方向和力量的给予。我家的宏观决策都是名校毕业的孩子爸在把控，并且实践证明都是英明而正确的，比如去衡中求学，比如适当吃苦，比如遭遇学习上的滑铁卢时的调整，比如长远规划等。我为女儿的前15年努力做一个好母亲，孩子的爸爸为她的后半生而努力做一个好爸爸，如此接力，令人欣慰。

通过学习、感悟、改进自我，我们力求建立各种和谐、温馨的关系，给予女儿足够的爱、自由和平等，让她学会爱，让她拥有一个有感情、有温度的宁静灵魂，能正确解读别人的情绪、情感，能懂得家庭的温暖、朋友的爱心、陌生人的无私，能尊重他人、善待他人，能回报关爱、感恩她所遇到的所有美好事物。

**三、坚持终生读书、学习**

读书大美，阅读幸福。孩子小学毕业前如果让其养成阅读与运动两种习惯，那么这个孩子绝对差不了。当时还没有绘本，于是我就从女儿上幼儿园开始，给她订阅自然、科普、文学等多种杂志，加上她自己购买的书籍，家里囤了上千本书，成为许多人羡慕的事。只为营造家庭小型图书馆，省去了跑公共图书馆借书和去书店读书的时间，与此同时又收藏了好书，这是学习好、会写作文的根本法则与“道”，而不是作文班所教的“术”。

父母如果不想成为对孩子伤害最大的人，破解之道就是成为终身学习者。女儿小的时候我遍寻讲座听，现在女儿长大了，我开始给其他家长做家庭教育的讲座，仍然需要不断深入学习心理学、遗传学、社会学、生物学、教育学等内容。当然，学习还包括善于纳谏、向过来人学习经验教训。

**四、学习做事先学做人**

道理不如故事。讲生活故事是一位将孩子培养得异常优秀的同事教给我的又一个育儿好方法。女儿一位同学的爸爸非常羡慕地对我说：“什么时候看到你们母女俩散步都是有说有笑的，你们究竟在说什么？”是啊，我们究竟在说什么？这么多年了，和女儿晚餐、散步、乘车等一切场合，我们都天南海北、古今中外地聊，聊得最多的是对发生在生活中的人与事的看法和评判。毕竟孩子是要离开我们远走高飞的，当她独自一人时如何交友、为人、处世？而是非对错的判断是最重要和顶级的审美能力，一定要让孩子充分认识到对了才美，错了就不美，就必须改正。认知几乎是人和人之间唯一的本质差别，人和人一旦产生了认知差别就会做出完全不一样的决定，这些决定就是人与人最大的区别。

女儿3岁时我带她到一家能借到绘本的专卖店，正和老板娘说话，发现女儿未经允许拿了茶几上待客的糖果。我立即带着女儿到楼下的超市买了一公斤的糖果要赔偿给老板娘，老板娘笑着拒绝了，说那些摆放的糖果本来就是给客人们享用的，劝我不要对孩子要求这么严。虽然最终她还是拒收了，但我想让女儿明白未经许可就拿便是侵犯了物权，与偷无异。我同学的女儿10岁时来我家做客，拉开我家所有抽屉看了个遍；我女儿的同学去她外婆家玩，拿走了她外婆100元现金；我有个走读的学生，每次去同学宿舍，宿舍就丢钱……时隔多年回想起糖果事件，偶尔会觉得自己当时对女儿的确太严格了，但这样做让女儿学会了遵守规则，懂得“有所不为”，懂得把握住行为的“度”，一步步沿着既定的目标稳妥地迈进。

我们教导女儿不能说谎但可以学会婉转表达事实；要求她遵守安全承诺，提前告诉我们和同学去哪里，如果不能按时返回一定打电话说明，并在约定的时间回家；吃饭不得吧唧嘴、去别人家做客不得翻别人家抽屉、得到主人允许才可以动主人的物品等规矩必须遵守；应当与人为善但不委曲求全……真正的教育比拼的是爹妈的人生功底，不是身份和财富的寄生与遗传，而是父母的观念，包括生活方式、思维方式、处世方式在内。三观正的家庭让孩子对人生始终有恒定的价值观，对自己始终有坚定的自信，在社会上始终有人格尊严。

**五、激发内在不竭的动力**

我朋友几年前跟我抱怨孩子学习没动力的问题，几年后还在说同样的问题，这个现象刺激了我深入思考，为什么当下有很多孩子“没理想没动力，有理想没动力”，实则是“心不动”。孩子的心就像一片肥沃的土地，父母播种什么就会生长什么，而且孩子的模仿非常诚实，好的、坏的一概接收。我朋友的孩子被明确告知，他爷爷奶奶、外公外婆、爸爸妈妈的住宅将来都是他的，还有他家超大的门面房。试想有这么多财产可以无条件继承，谁还想努力呀。

父母想让孩子成为一个什么样的人，就先做一个那样的人给孩子看。宋庆龄曾说，孩子的性格和才能，归根结底是受到家庭、父母的影响。

我们用身教的方式告诉女儿“天下兴亡，我辈责任”。我们虽是凡人，但守住平凡不流于平庸并不容易，须尽最大努力给这个世界带来最大、最良好的影响，让更多人因为我们的存在而变得更加美好。

女儿在小学作文里就骄傲地写，她爸爸不仅是数学题专家，更是水利专家。她在每年寒暑假都会去她爸爸的工地，亲眼见证了爸爸把巨大的坑修筑成了100米的大坝。因为太过陡峭，通往坝顶的道路不得不采用“Z”字形。大坝建成以后，用电高峰期也不会断电、限电。爸爸舍了小家为了大家，虽然常年不能陪伴在她身边，但正如教育家马卡连柯曾说的“不要以为只有你们在教训孩子、命令孩子的时候才是教育，你们在生活的每时每刻，甚至你们不在场的时候，也是在教育”。最好的教育都是无声的，父母在做，孩子在看。

女儿的事情最大，把女儿培养成国家需要的人才是我作为母亲的首要任务，连自己的孩子都没教育好，又有什么资格和本事去教育别人的孩子？当女儿赴衡中求学后，我有了更多精力，重新加入了班主任行列，秉持“我期望自己的女儿遇到怎样的老师，那我就做那样的老师”的标准，努力善待被高考和大学淘汰的学生，帮助他们找回自信，使他们也成为尽最大努力给世界最良好影响的人，让更多家庭获得了幸福快乐，看到了希望。我跟女儿开玩笑说我正在从事着让“丑小鸭”蜕变成“白天鹅”的阳光事业。在陪伴女儿成长的过程中，对孩子影响最大的并不是我们为她做了什么，而是我们自己本身成为怎样的人。当我们成为孩子的榜样和骄傲，孩子也会成为我们的期许和自豪。纪录片《幼儿园》的导演张以庆说，家长其实每时每刻都在给孩子上着课，如你自己做人的规范、你的做派、你的举止、你的言语。真的不用逼孩子“请你像我这样做”，因为每时每刻，他都会像你这样做。

**六、耐力与坚持是成就人生的主旋律之一**

有一位年长的同事告诫我，要给孩子把所有窗口打开，让她看到、体验更加丰富的世界，然后由她自己来确定她可以在哪些才艺方面持续发展下去。于是钢琴她坚持弹了7年，在小学毕业时连蹦带跳地考过了十级证书；绘画她开开心心坚持了5年，获得各种奖项；不好动的她断断续续练习拉丁舞、民族舞有4年；网球健身她坚持了2年；练习喜欢的吉他近1年，最终因为文化课老师建议“抓紧大好光阴学习，进入理想大学之后可以更好地发展各类兴趣”，她才不舍地停止了。她坚持最久的事就是课外阅读，家中随处都有书籍，非常方便满足读书欲望。女儿现在常被人称为“学霸”，其实所谓的“学霸”，不是因为他们有多聪明，而是在学习生涯的每个日夜都在持续、高质量地积累和沉淀。

我们家长也在坚持做有耐力的榜样——建立女儿的各种成长档案。比如，每年出一本她的作文集，她的所有绘画作品都被完好收藏，她的各种成长照片都被记录下来，还录了很多钢琴音频。

12岁是人生一个新的节点，从女儿12岁开始，每年她过生日，我和她爸爸都会写一封祝福的信，工工整整地誊写在漂亮的信纸上。比起物质并不匮乏时代的物质的生日礼物，这是更有纪念意义的。这些文字也反映了女儿那个年龄段我们家长教育孩子的“长远之计”——既培养正确的心态、观念，又是历史与时代的见证。

**七、加强家校联系，尊敬老师**

不敬老师、不敬书本的学生是不可能成才的。因为我自己是老师，深知老师的呕心沥血，所以心疼女儿首要是心疼老师（正确的做法就是与老师成为朋友，而非站在老师的对立面），因此积极主动地加强家校联系，配合学校与老师做好力所能及的工作，用志愿、服务的精神快乐奉献着，做着班级、年级、学校三级家委会的工作，乐此不疲地开展了诸如亲子活动、家教讲座、团队建设、比赛排练等创新性的工作。我用行动告诉孩子，一枝独秀不是春，一棵大树不是森林，只有她周围的同学都更加优秀，她的班级才更卓越，这个世界才能变得更好。在深入学校和班级陪伴女儿的过程中，是我们做父母的自我修行，孩子也必定成长为更好的自己。女儿多次骄傲地跟我说：“妈妈，当你出现在那么多叔叔、阿姨中间时，你的气质特别显眼，我一眼就能看到你——虽然个子不高，但给我一种鹤立鸡群的感觉。”作家冯尘说，所谓父母子女一场，不过是相互滋养。

有人说，检验家庭教育是否成功的标准是孩子在35岁以后婚姻是否幸福，因为如何兼顾工作、家庭、孩子，如何处理夫妻、亲子、亲戚等关系，都是在前20年家庭教育中奠定的基础。

女儿看着我们做父母的如何陪伴她长大，也看着我们如何经营婚姻，看着我们如何尽最大努力给世界带来最大、最好的努力，相信会为她35岁以后的生活保驾护航、解决问题带来良好影响。

期待女儿在未来成为一个幸福的普通人！

## ◎我的家庭教育感悟

（828 班吴迪家长）

我认为家长对孩子的教育绝不仅仅是一次谈话或者几句说教，它是一个细水长流的过程，我们的教育应该是润物细无声的，无声地陪伴在孩子的周围。今天我不讲高深的教育理论，只是谈一下在女儿成长和教育过程中的亲身经历和切身感受。

**一、尊重孩子的选择**

衡中是女儿心仪的学校。中考前，我和迪爸怀着忐忑不安的心情带着孩子第一次走进了衡中的校门，对衡中学子的学习生活有了一些粗浅的了解。在此之前，我们也看到了衡中令人震撼的高考成绩，也听到过衡中管理如何严格的说法。当然，父母的责任感促使我带着“衡中的教育模式是否适合我的孩子”等诸多疑问进行了大量的调研，我把听到的这些信息都毫无保留地转告给了女儿，听取她的意见，结果她对我说：“许多人都说衡中苦、衡中累，可我并不觉得什么，我对它有一种向往、一种景仰、一种内心无法抗拒的感情。你们也不必担心，鹰隼试翼终要高飞，潜龙腾渊终将入海，我会照顾好自己，我也会想念老妈的香菜馅饺子和宫保鸡丁、老爸的西红柿酱和炖牛肉。3年后，你们会见到一个崭新的我。”

我们每一位家长都深爱着自己的儿女，父母养育儿女长大成人，不仅要让他吃饱穿暖，更要帮助儿女在成长的关键时刻做出正确的选择。全家经过反复讨论，最终意见统一，支持女儿的选择——上衡中。

就这样，一直被父母陪伴左右的女儿第一次离开家。或许思想准备充分，或许去衡中是孩子自己的选择，进入衡中后她没哭过一次鼻子，没叫过一声苦，没说过一句不适应，很快融入衡中这个大家庭。

两年半的时间过去了，看到坚强、自信、乐观向上的女儿，看到她那充满阳光的笑容，我们为当初与女儿一起做出的正确选择而感到欣慰。

**二、重视德育教育**

家庭教育不仅要重视传授知识，更要关注品德教育，培养孩子良好习惯，磨炼孩子坚强意志，引导孩子遵守道德规范，教育孩子要有理想、有追求、有担当。

高中阶段是孩子人生观、价值观成形的关键时期。衡中非常重视这一时期学生的德育教育，开展了感恩主题班会、假期社会实践、80华里远足、成人礼等多种形式的德育教育活动。家长也充分利用这些教育平台积极配合学校工作，我和孩子一起参加了“关爱老人，从我做起”“迎新春，逛庙会”社会实践、80华里远足和成人礼活动。我们通过参与这些活动，引导孩子领悟学校、老师、家长的良苦用心，学会感恩，树立理想，坚定信念。

成人礼的时候，每位家长都收到了孩子的一封信。女儿在给我们的信中写道：“岁月不居，时节如流，世界就是这样残酷，我的长大意味着你们的老去。这似乎是小学作文用烂了的话题，可又的确是让我难以释怀的结。曾经多少个瞬间，我真真切切地感受到，你们不再是我记忆中无所不能的超人了。踢几下毽子便疼起来的腿，天气转暖却依旧冰凉的手，无时无刻不在提醒着我，我该承担起应有的责任了。今后的日子里，我会以一个成年人的担当，努力让你们过得更好，成为你们可以依靠的人。我会努力学习，照顾好自己，不让你们再因琐碎之事替我操心。我会努力锻炼自己的羽翼，硬到可以独当一面，可以打下我自己的江山，可以将你们护在身后，尽全力去爱，不留任何遗憾。放心吧，你们陪我长大，我定会陪你们变老。”

我们写给孩子的话是：“因为有你，我们竟不思年华；因为有你，我们才变得如此充满爱的火花。你的高中生活已然开启两年，我们是不是也该说点儿啥？好吧，我们不说加油，只想说，终有一天，你今日的辛苦付出，会成为你人生的光束，照亮你的人生，点亮你的幸福。”

每次和孩子通信，我都热泪盈眶，深深地感受到孩子的成长，也由衷地感谢衡中德育教育的成功。

**三、相互尊重**

在家庭当中，最主要的是相互尊重、学会倾听。谈起对女儿的教育，我最深切的感受是做父母的要把握孩子成长过程中的生理、心理特点，放下身段，尊重孩子的选择，尊重孩子的学习成果，倾听孩子的感受，做孩子最亲近也最信赖的人，让孩子把手伸向你、拉住你，思想靠近你，与你一起向前走。

尊重孩子，就要静静倾听孩子的讲述。孩子到了高三，我们和她在一起的时间是非常短暂的。每次放假，孩子会把这一段时间的快乐、苦恼，学习上、生活上的事情都讲给我们听。通过讲，孩子可以宣泄不良情绪、缓解压力，我们也可以在言谈话语中了解孩子的思想和学习动态，及时给予鼓励和引导。比如，我们会引导孩子做人要心胸宽广，多欣赏别人的优点，包容别人的缺点。所以，孩子在学校结交了很多朋友，曾经的高一同学后来虽然不同班了但还一直找我家孩子倾诉。

爱孩子，就要无微不至地体贴孩子。人们常说家是温暖的港湾，家长一定要让孩子感受到家的温暖。孩子来衡中后，只要学校放假，我和迪爸就会推掉所有的日常事务，准时到校门口接孩子。无论什么季节、什么天气，从来如此。由于放假时间短，所以我们经常会就近住宾馆。女儿说："有爸妈的地方就是家，有爸妈的地方就有温馨、快乐和爱。"

我们是女儿的知心朋友，我们之间是平等的、民主的、尊重的、无代沟的，是无话不谈的知己，所以女儿也没经历什么叛逆期。

**四、帮孩子调整情绪**

情绪对人的影响很大，消极的人总是先看到困难，感到生活处处是阴影；积极的人总是先看到希望，让心灵拥有更广阔的晴空。

作为高中生家长，除了要做好孩子的生活后勤工作，更多的是要关注孩子的情绪变化。两年多来，我想得最多、做得最多的就是如何为孩子调整好情绪，如何让孩子以良好的心态投入紧张的学习生活中去。

家长在学习成绩上要理性对待，学会给孩子解压。当孩子成绩出现波动时，首先，要帮助孩子调整心态。我和孩子说："在学霸济济的衡中出现这种情况很正常，你只要高效完成课堂内容，合理利用好碎片时间，享受努力的过程就好。"作为家长，关注孩子学习的同时，切忌给孩子制定不切实际的目标，那样会压垮孩子。我给孩子讲了一个小故事："一位运动员要完成跑操场四圈的任务，第一天穿户外装背背包跑，跑了两圈；第二天穿户外装卸下背包跑，跑了三圈；第三天脱掉户外装卸下背包换上运动服跑，到达终点。"我想通过这个故事告诉孩子，放下包袱才能轻装上阵，才能在学习中找到乐趣。只要孩子努力了，只要没有虚度年华，就是好孩子。其次，静静等待孩子主动说试后反思，让孩子更清晰地认识自己，找到自己努力的方向。当我们发现孩子压力大、出现焦虑时从不谈学习，而是和孩子聊聊天、侃侃大山，话题以轻松的内容为主，多说些孩子感兴趣的事，最好能谈到孩子喜笑颜开，这样能让孩子紧张的情绪释放出来，以便在心理上得到缓冲。

家庭教育是个性化教育，针对的是每一个学生个体。我们家实施的是赏识教育，从小学到高中，我们对孩子多表扬、多鼓励。用放大镜把孩子的优点放大看，哪怕有一点点好的表现，我们也要及时肯定给予其信心；用缩小镜把孩子的缺点缩小看，对孩子的无心之错要宽容，以淡化她的疏忽，安慰之余再陪同孩子一起找到改进的方法；用放慢镜把孩子的成长放慢来看，人的一生重在体验整个过程，让心留下恒久的记忆，而不必过分在意分数、成绩等结果如何，放慢脚步，默默耕耘，顺其自然；用望远镜把孩子的前途放远来看，放下一切焦虑和功利心态，用真心陪伴孩子，直到永远。

掬水月在手，弄花香满衣。保持平常心，让花成花，让树成树，让孩子成为更好的自己，让自己成为更好的家长。

## ◎挖掘潜能，为成长助力

（857 班钟林昊家长）

孩子的一生要接受三方面教育：家庭教育、学校教育和社会教育。“父母是孩子的第一任老师”，家庭教育在孩子成长过程中起着十分重要的作用，是不可替代的。唐代大诗人杜甫有“随风潜入夜，润物细无声”的诗作，教育孩子又何尝不是润物无声呢？从他出生开始，我们的一句话、一个眼神每时每刻都会对孩子产生潜移默化的影响，所以教育孩子是一个细水长流的过程。回想起我对孩子的教育，还有很多不足之处，因此，虽已年近不惑，但依然希望自己每天进步一点点，通过自己的努力去影响孩子。而现在，我能谈的也只是在教育儿子过程中的一些亲身经历和感受。

**一、教育孩子永远怀有一颗感恩的心**

德才兼备，方为人才，家庭教育首先要培养孩子良好的道德规范。我教给他的第一个字是“人”，当时教他写时，颇费了一番功夫。我告诉他，“人”字由一撇一捺两笔组成，一撇代表知识，一捺代表品行，有了知识和品行才能顶天立地。虽然当时还是孩童的他似懂非懂，但我坚信这种引导会让他有所触动。在所有品行的养成中，我最注重的是对他感恩之心的培养。人生于天地间接受最多的就是来自亲人、朋友以及自然万物的恩惠，没有感恩之心如何能在天地间立足？许多家长在教育孩子时往往忽略了对孩子的感恩教育，有些孩子向父母表示“您辛苦了”的时候，父母往往说“你把书读好就行了”“你不用这样”，这就把孩子自发的感恩之心给扼杀掉了。“谁言寸草心，报得三春晖”，我们让孩子小时候背诵的诗句讲的就是要感恩；“滴水之恩，涌泉相报”，培养感恩之心从点滴做起。在同学借给他铅笔时，在老师为他讲题独自晚归时，我都会悄悄地告诉他：“对帮助你的任何人都应该主动说声‘谢谢’。”在他很小的时候，他奶奶做了腰椎手术。有一天我到家后，他奶奶红着眼眶在床上躺着，激动地告诉我说孩子刚才为她捶腿，小小的身子够不着，硬是搬个小凳子站在上面照顾她，又是端水又是拿药的。事后我悄悄地问他，他说：“从小都是奶奶照顾我，我要报答她。”感恩是我对他教育的根本出发点，我常常想，孩子是自己的，更是国家的，如果不是生在这个太平盛世，如果不是有人替我们负重前行，哪有我们今天的生活？所以培养孩子是为了我们的小家，更是为了让他永怀感恩之心，今后能够回馈社会。

**二、培养孩子的兴趣，激发孩子的学习动力**

从他刚开始认识数字开始，我们便在生活中培养他运用数字的能力。比如，在吃饭前数数几个人，需要拿几双筷子；来了亲戚，需要多准备几双筷子。从生活中类似的小事入手，灌输他对数字的认识和运用的思想，所以从小他就对数字产生了极大的兴趣。因为我和他爸爸都是数学老师，经常在家探究数学问题，这对他也产生了深刻的影响，遇到问题从不敷衍了事。上小学后，遇到比较难的问题，他喜欢钻研，不是简单地只知道答案就行，而是非得让你听懂他的观点，直到你给他彻底讲通讲明白为止。知其然，还要知其所以然，这种思想贯穿他学习的始终，所以上初中后，凭着他对数学的热爱及喜欢探究的学习习惯，在初二时就拿到了全国“希望杯”数学竞赛的银牌。我们以此为契机，适时地鼓励他定出下一个努力的目标——考上衡中。

**三、让孩子明白有理想、有信念且坚持不懈必能成功**

记得他入学衡中后的第一个周末，我和他爸爸兴高采烈地去接他，买了他最爱吃的零食，希望陪他过个快乐的周末。可是从他出校门那一刻，我就觉得他有点儿不对劲，话没有平时那么多，对吃的也不感兴趣，到了晚上他终于敞开心扉对我说："妈妈，我觉得我很失败。"听到这句话我大吃一惊，向来乐观自信的他怎么会有这种想法？仔细询问这才知道，原来这次分班后，他的学号是47号，而班里只有55名同学，对初中成绩优异的他来说无疑是个不小的打击。我们及时鼓励他说："学号并不能说明什么，只能证明你的中考成绩比别人暂时落后一些。我们不能只看眼前，只要有目标、有动力，踏踏实实走好每一步，相信成绩一定会上去。"听完这番话，他坚定地点了点头，稚嫩的神情中流露出不服输的信念。我知道一颗勇于赶超的种子已在他心中生根，我所做的就是呵护它、让它继续发芽。从此，每次成绩出来后，我就鼓励他："继续加油，事实证明你很有潜力！"果不其然，孩子的学号在以后的学习中一路飙升，从47号到20号再到13号直到现在的3号，这些进步让他明白了：只要不服输，成功就会在前方招手。

**四、尊重孩子，信任孩子**

孩子在开学前参加了学校组织的夏令营活动，当时我们的目的很单纯，就是让这个没离开过家的孩子提前适应学校的生活，但他的想法却不止这些。闭营回来，他就坚定地告诉我，他要学物理奥赛。对此，我和他爸爸是排斥的，因为身边有熟人的孩子学奥赛不成功的例子。但看到孩子坚定的眼神和态度，我们决定让他试试。没想到他还真有股韧劲儿，不仅要学，还要学好。我们参加学校第一次家长会的时候，孩子在给我们的信中写道："爸妈，奥赛不会影响我的高考课程，请相信你们的儿子不仅高考科目会学好，奥赛也会学得更好。"那一刻，我释然了。事实确实如此，孩子在第36届全国中学生物理奥林匹克竞赛中拿到了省一的好成绩。

家长朋友们，相对于那些出类拔萃的孩子，我的孩子很一般，但他的执着努力、有上进心是我所欣慰的。我始终相信，勇于进取，一切皆有可能！衡中为孩子搭建了展示自我的舞台，撑起了一片翱翔的蓝天。在孩子一生中最重要的时刻，他有幸成为一名衡中人，在此我真心地说句感谢，感谢孩子生命中遇到的所有老师，以大爱之心育国家栋梁；也希望儿子一如既往地发扬衡中精神，再接再厉，努力创造明天的辉煌，绽放最美的青春！

## ◎家有儿女在衡中

（877 班胡俊枭家长）

儿子很荣幸地收到了衡中的录取通知书，现在已是高二的学生了。这一年多来，儿子收获了很多，成长了很多。作为一名衡中学子的家长，看到儿子周围众多优秀的孩子，我深深感到，要想让孩子变得优秀，一定先做一个合格的家长，对孩子的教育一定要注意以下几点。

**一、要培养孩子自觉学习的好习惯**

从孩子小学开始我就对他严格要求，每天的作业都要求他自觉认真地完成。儿子到了衡中，和这么多优秀的同学在一起，自觉性更强：每次放假回家都安排好学习时间，有计划地完成假期作业；出去游玩也会带上几本课外书，累了休息时自然地掏出书来看一会儿；坐火车也会带上几本书。我想这也许就是一种衡中精神吧，把学习当成一种习惯。衡中的孩子都很自律，学习氛围很浓。“蓬生麻中，不扶而直；白沙在涅，与之俱黑。”环境对一个人的影响真的很大，置身于这么浓厚的学习氛围中，学习就是一种习惯，好习惯一定能让学习和生活有好的收获。播下一个行动，收获一种习惯；播下一种习惯，收获一种性格；播下一种性格，收获一种命运。好习惯真的很重要。

**二、想要孩子独立，就要舍得放手**

儿子初中时是走读生，我和他爸都要上班，中午没时间给他做饭，于是我和儿子商量：“你自己能学炒菜吗？”儿子想了一下，很爽快地回答：“妈，没问题，相信我！”于是每到周末我就教儿子炒菜，一天，两天……一直到儿子初中毕业。每到工作日上班，我都是早上把菜切好，儿子中午回家自己做。吃完饭，儿子还把锅、碗洗得干干净净。晚上回家看着整洁的灶台，我真的很感动。儿子很独立，他还这么小，已经做得很不错了。

儿子初一刚放暑假时，突然对我们说：“我想去姥姥家玩。这次我想自己去，你们不用送我，行吗？”我真是不敢相信，才13岁的孩子啊，一个人要从北京到四川，而且是先从河北到北京西客站，这段路程还要坐公交、倒地铁，最后才能上火车，我当时就拒绝了。看着他那期盼的眼神，他爸和我商量，说让儿子试试吧，孩子总得学会长大。就这样，儿子背着行囊，开始了一个人的旅程，全程无人照顾，到四川也没让姥姥接，一个人安全到达。当他打电话报平安时，我激动得掉下了眼泪，是担心，也是欣慰。

自从那次以后，我感觉儿子长大了，很多事情都能独立完成，所以把他送到衡中上学我也放心了。事实证明，他在学校也很适应，能照顾好自己。有舍才有得，要想让孩子独立，我们父母就要舍得对孩子放手，让他们去干他们喜欢的事情。有的时候不是孩子不会干，而是家长不让他们去干。我们不能让爱束缚了孩子们的手脚，爱他就要学会放手。

**三、支持孩子的兴趣，鼓励孩子积极参加学校的活动**

兴趣是最好的老师，孩子的爱好我们应该支持。衡中是一个特别好的平台，为了让孩子们有丰富的课余生活，学校为孩子们开设了60多个社团，涵盖了文学、绘画、音乐、舞蹈、人工智能等多个领域，如微电影社团、智能机器人社团、航模社团、3D打印社、模拟联合国等。多才多艺的孩子们在各自喜欢的社团中充分发挥着自己的想象力和创造力，增长了不少见识，让孩子们的兴趣开花结果。

儿子一直喜欢地理，爱看地理方面的书，爱在手机上查看地理的相关知识。为了让他多了解这个大千世界，从小学到初中，我们带他游玩了很多地方，泰山、华山、衡山、北戴河、三亚……为了让他增长见识，我们从北京开车到上海游玩，一路走走停停，看到了不少奇观。儿子喜欢研究火车，我就陪他一起从北京到云南再到三亚，全部的路线都由儿子安排，这样既满足了他的爱好、增长了他的见识，又锻炼了他的独立能力。现在无论让他一个人去多远的地方我都是放心的，因为我相信他有这方面的能力。高二上学期，儿子经过地理奥赛选拔考试，初赛取得了全国第一的好成绩，我们很为他高兴。不管成与败，这都是他喜欢做的事情，是有意义的事情，只要他感兴趣，就会很用心地去学。我支持孩子的兴趣，尊重孩子的选择。

我也经常鼓励儿子积极参加学校的各种活动。在高一的奖助学金颁奖大会上，儿子作为志愿者，接待了赞助方的负责人，还与航天英雄杨利伟将军零距离接触，并请杨将军为自己签名。在学校的80华里远足活动中，儿子是C部的旗手，走在队伍的最前面，还代表C部全体同学在远足活动开始前进行宣誓，我们感觉儿子已经有了一定的担当。儿子参加了“十佳学星”演讲竞选，经历了好几轮的演讲与筛选，虽然没有取得最后的胜利，但经历就是一笔财富，从经历中沉淀出精华，只有这样，才能让自己的人生绽放出最耀眼的光芒。只要有兴趣就去干，那么离成功就不远了。

**四、孩子遇到困难时要多鼓励**

从小学到初中，虽然儿子一直都很优秀，但到了衡中这所高手如云的超级学校，儿子遇到了一些挫折：进入衡中的第一次考试是888分，在全年级位于第821名，这对从小学到初中一直全年级名列前茅的儿子来说无疑是一次沉重的打击。我鼓励儿子说："你刚到这所学校，也许还没怎么适应，你要相信自己，一次考试证明不了什么。"我以为儿子会很沮丧，本想再好好安慰一下，没想到的是，儿子表现得非常淡定，告诉我说："妈，我不会灰心的，我觉得我还有很大的进步空间，我会继续加油，努力向前冲。"我被儿子的这种心态所震撼，也深深感受到衡中老师对孩子们的教育非常到位，不仅仅是学习上的，还有心理素质上的教育。儿子说到做到，接下来的考试每一次都在进步：高一上学期二调考试上升到全年级第592名，期中考试上升到第196名，后来是第179名、第106名；高一下学期二调考试居然上升到全年级第17名。到目前为止，儿子的成绩基本能稳定在全年级前100名。每一次考试后，我都会鼓励他，让他好好总结，考差了也不要气馁，不到最后千万不要放弃。有了我们的鼓励，儿子信心十足。

**五、有时间一定要多陪陪孩子**

家庭是孩子心中最温暖的地方，特别是孩子们学习累了的时候，他们很希望和父母交流交流，畅谈一下学校生活和自己的内心。衡中放假很有规律，几乎是每两周放一次假。每次放假我和大多数家长一样，都急切地想见孩子，儿子也很珍惜这短暂的相聚时刻。每次放假，儿子都会兴致勃勃地给我们讲近期的学校生活，有时还会给我们模仿一些有趣的课堂教学过程。看着儿子开心的笑脸，感觉他很放松。我觉得学生的状态就是要这样，放假时就应该开开心心，释放一下学习时的紧张。为了享受短暂的假期，儿子每次都要带我们出去玩，晚上吃完饭逛逛公园，早上一起散散步。陪伴是最真的爱，多陪陪孩子，多与孩子谈谈心，这样才能多方面地了解孩子，成为孩子的朋友才能更好地与孩子沟通。

**六、支持学校和老师的工作**

孩子优秀，除了自身的努力、老师的谆谆教导外，还需要我们家长全力支持学校和老师的工作。

我们要向孩子宣传学校的正能量信息，不要片面地听信一些网络谣言，不要对一些老师做负面评价，要积极支持学校和班级组织的各项活动。

高一下学期，为了做好孩子们的坚强后盾，也为了更多地支持老师的工作，我加入了班级家委会，和家委会的家长们一起为孩子们加油，一起和孩子们成长。

在80华里远足活动中，我和孩子爸爸积极加入了啦啦队，天没亮就到了衡水，带着鼓，敲着锣，从一个点到另一个点，为孩子们助力、呐喊。我很珍惜和儿子一起参加学校活动的各种机会，我希望在儿子求学的路上也能印下我们的脚印，见证儿子的成长。

衡中的孩子很优秀，个个是良苗，良苗离不开沃土的培养。无疑，衡中就是孩子们成长的沃土，衡中就是学生们追求梦想最好的平台，老师们用心血无私地浇灌着这些祖国的花朵，夜以继日，风雨无阻。

追求卓越，永不止步，我将向衡中优秀学生的家长们学习，多与儿子沟通，经常与老师联系，不断提升自我，与儿子一起进步、一起追求卓越。

## ◎家有高中生，教子觅五法

（903班尹牧阳家长）

孩子能够进入衡水中学读书，一直是全家人的骄傲。作为家长，自孩子入学时起，我就反复阅读衡水中学的校训、办学宗旨、办学理念以及校风、学风等，收集各大新闻媒体上报道衡水中学经验的文章，思考和体会文字背后所蕴藏的道理和哲思。我想，家长只有真正理解和认同学校的育人理念和办学方法，才能与学校老师建立信任、默契配合，相向而行、同向发力，帮助孩子高质量地度过美好而珍贵的高中时光。一年多来，受学校文化浸染，向班级老师请教，我在教育孩子过程中学会了五种法则，收获了点滴心得。

**一、树雄心，鼓舞孩子梦想**

“无论是国家、社会还是个人，梦想都是保持生机、激发活力的源泉”——

这是习近平总书记的话，我一直拿来勉励孩子要敢于梦想，要有高处览胜的雄心壮志，因为有梦想才有目标，有目标才会奋斗。在老师的教导下，孩子的人生观、价值观非常端正和纯净，很自然地接受了我的观点。在引导他追求卓越、追求崇高的过程中，我建议孩子为大梦想制订小规划，把大目标变成小任务。我也会帮助他让每个学期、每门功课的小目标尽量符合自己的实际，踮踮脚尖就能够到，而且不刻意强调分数结果和排名先后，只要求他一题一字不放过，每时每刻不虚度。渐渐地，孩子在一步一个脚印、积小胜为大胜中接近梦想，勇敢追逐梦想的信心也得到了呵护。

**二、立信念，增强孩子斗志**

有一天，孩子从学校回到家，给我讲红军长征的故事。他眼中闪着光芒对我说："我不觉得在衡中学习艰苦，我们和红军战士一样，都是有信仰的人。"我不失时机地告诉孩子，红军能够取得长征的胜利，不单单是不怕吃苦，关键是有必胜的信念和越是艰险越向前的斗争精神，任何障碍、困难和挫折都不能让他们怀疑自己、停下脚步。孩子可能已经意识到了迎接高考的路就是他们人生的第一场长征，我告诫他，在这条长征路上，大小考试和各种考验摆在面前，遇到的可能是欢喜和掌声，可能是孤独和失落，抑或是挫折和痛苦，要做的就是胜不骄、败不馁，始终保持红军那种坚持不懈的斗志，绝不停下前行的脚步，因为有个光明的"延安"在前方，一路的跋涉、所有的经历都将造就一个优秀的自己、一个坚强的战士。在这个斗志的支撑下，孩子的学习态度更加端正，他给自己写下了"有疑必问不自欺，滴水穿石不放弃"的座右铭。

**三、启心智，激励孩子思考**

"独立之精神，自由之思想"是国学大师陈寅恪先生的信仰，亦是他一生的追求。我想，孩子在追求学业的阶段，培养独立思考的能力至关重要。我非常珍惜与孩子相处和交流谈心的机会，时常将一些热点的新闻话题挑出来，在轻松聊天中问孩子"怎么看、怎么想、怎么办"。遇到孩子学习上有小困扰、思想上有小疙瘩的时候，则不急于灌输和传授我的经验，而是给孩子足够的时间去思去悟，慢慢地引导孩子把书本上学到的历史、哲学以及数理化知识转化成生活的智慧，在自主解决实际问题之后，无形中给孩子打开一扇奇妙的思考之门。因此，他不仅增加了学习兴趣和动力，还有意识地去摸索更好的学习方法，提高学习效率。此外，衡中的严格管理和精细爱护让孩子养成了独立自治的良好习惯，作为家长，应该配合学校竭尽所能让孩子把良好的生活和学习习惯坚持住、保持好，让好的习惯唤醒孩子独立意识的潜能。

**四、减压力，教会孩子从容**

我经历过高考和研究生招录考试，随着人生中重要考试的临近，我能感受到孩子平静的笑容里多多少少会有压力、纠结和迷茫。与机械地告诉孩子要有“平常心、淡然意”相比，我更喜欢用一家人去看一场电影、做一次远足或旅行等方式来帮孩子缓解压力。但是，我始终认为，帮助孩子战胜紧张情绪、保持良好心态的最有效方法是教会他如何直面压力、保持从容。我时常给他讲一些不计较一城一地得失最后却能取得全局性大成功的古代故事，有时还和他讨论一些成人世界的烦恼、困顿，当孩子在思想上不抱有毕其功于一役的幻想和人生成败在此一举的错觉，压力自然消解许多。我还告诉孩子，在战场上镇定自若的一定是训练精良的士兵，在考场上舒缓自在的一定是准备充足的考生，当他胸有成竹做好准备、全神贯注投入考试的时候，心中杂念必然不复存在。

**五、做榜样，陪伴孩子成长**

衡中教师誓词说“用爱心托起爱心，用智慧启迪智慧，用人格塑造人格”，这几句话给我的启发是，家长应该陪伴孩子一起成长，用自己的美好言行去理解孩子、感动孩子、塑造孩子。我坚持认真倾听孩子说的每一句话、讲的每一件事，让他获得足够的尊重和信任；我坚持和孩子的作息规律保持一致，要求孩子做到的自己首先做到；我坚持在孩子面前保持正能量，让他时刻感受到积极向上的热情和乐观；我坚持用平等的视角和孩子交流，坦诚地指出他的缺点和不足；我坚持孝敬父母、尊重师长、友善邻里，让孩子学会用博爱之心和世界相处。久而久之，我惊喜地发现，一个胸怀大志、自信开朗、意志顽强、阳光温暖的大男孩已经悄然成长起来。

## ◎衡中家长手记：和儿子一起成长的衡中3年

（410班王昭雨家长；王昭雨考入清华大学，全省理科第4名）

2009年，王昭雨同学以衡水市第2名的优异成绩考取了衡水中学。高中三年，他成绩一直名列前茅，获得生物奥赛省一等奖，多次被评为校级三好学生，曾因品学兼优、全面发展被推荐参加清华大学的“领军计划”。在2012年高考中，他以全省理科第4名的优异成绩被清华大学建筑系录取。

在清华大学的学习和生活中，王昭雨展现了出色的能力和素质，学业成绩一直名列前茅，多次获得国家奖学金，以全系综合排名第2的优异成绩被保送直博，并担任2016级清华大学建筑系辅导员，同时荣获北京市优秀毕业生称号。博五期间，他获得了博士研究生国家奖学金。

好的习惯需要从小培养。孩子到了高中，家长对孩子的影响依然很大，尤其当孩子遇到一些困难和问题时，家长的引导作用就非常重要了。因为家长是孩子一生的老师，家长是水，孩子是船，水涨而船高，家长的高度决定了孩子的天空有多高。

高中三年，家长要与学校齐抓共管，充当学校、教师、孩子之间的协调人，用心引导，做孩子坚强的后盾，和孩子一起成长。

**一、相信学校和老师，和学校形成合力，更好帮助孩子成长**

衡中每个年级、每个班级的老师都是学校领导精挑细选、合理搭配的优秀老师，有的经验丰富，有的激情四射，总之都是责任心强、敬业、富有爱心的老师。

1.无条件支持老师，做好孩子的思想工作。高中老师压力很大，因为校长压力大，所以给年级主任的压力大，具体到班主任和科任老师压力更大。当孩子对老师有情绪的时候，或者对有些老师的做法暂时不理解的时候，我总会站在老师这边。毕竟孩子还小，心智还不是很成熟，看问题、做事会偏激，并且从小娇惯受宠，难免有些任性冲动。所以，我会积极配合老师，给孩子做工作，要求孩子遵守学校制度，不违纪，少给老师找麻烦，多理解老师的辛苦，明白老师其实是为学生好。作为家长，不要总认为老师在针对自己的孩子。

2.积极参与班级活动，为老师分忧解难。老师布置的任务家长要积极响应，不但要出钱，更要出力。家长不要以路远为借口，不参加家长会，这是对孩子的不负责，也是对老师的不尊重。很多事情，家长协助老师完成，老师就会安心做好教学和班级管理。其实，这也是帮了我们的孩子。

昭雨上高中的3年我主要为班级和学校做过两件事。

一是参加学校远足活动。孩子远足前，班主任给我打电话，说向年级主任推荐了我，让我代表家长给学生们做动员报告，我说没问题。老师让我帮忙录像，其实我没有录像机，但我说有。当老师问我能不能跟着学生走完全程时，我也说能。其实这个我真的能，因为我平时一直锻炼身体。通完话，我就找录像机、写动员稿；远足时，全程给孩子们录像。通过参与远足活动，我不但感受到了孩子们的坚持精神，还一路和班主任交谈，有了很好的沟通交流机会。

二是协助编辑出版班级日志。衡中学生有写班级日志的传统，有一天班主任对我说："孩子们写了班级日志，这是一笔财富，等毕业后看到自己写的东西会很欣慰。时间长我怕放丢了，希望您有时间时给打印出来。"我答应了，花了1个月的时间把18万字的日志录入电脑。班主任拿到稿子后，和我商量出成书。书出版后，我又积极帮着卖书。每年衡中都会组织全国性的大型研讨会，每次会议我都去卖书。从2011年起，我一直坚持做这件事。后来这本书和孩子们毕业后写的另一本随笔集一起再版，分别更名为《衡中奥赛班手记：花开的声音》和《衡中奥赛班手记：那些花儿》。

儿子虽然离开了衡中，但我依然心系衡中，不遗余力地帮助衡中。每年为高一新生家长做培训，走进班级，给学生们开班会等。我以一颗感恩的心为衡中做这些事，因为衡中不仅培养了一批批全面发展的优秀学生，而且影响和提升了一大批家长的教育理念和教育水平，造就了无数个幸福家庭。

三是和老师形成合力，帮助孩子进步。老师和家长都有着共同的目标——让孩子成为更优秀的人。为了更好地了解孩子的情况，我经常给班主任打电话、发信息或者QQ留言，询问孩子的学习生活状态、倾听老师的意见，也和老师交流孩子放假在家时的情况。

高一时孩子成绩出现波动，我采取过写字条、给老师发信息请老师代为鼓励孩子的方式，老师在班会上公开了我对孩子鼓励的信息，对包括昭雨在内的全班同学产生了激励作用，产生了很好的效果。

**二、监督孩子遵守学校规章制度，养成良好的学习生活习惯**

国有国法，校有校规，班级也有班级的纪律。这些规定和纪律是学生提高成绩的保证，优秀的学校都是规章制度严格执行到位的。如果一个学生在遵守纪律方面做得不好，不仅是对自己的伤害，也是对那些刻苦学习的学生的伤害，更是对班集体的伤害。

孩子高一入学第一天，我就严肃认真地对他说："3年不允许违纪，任何情况的违纪都绝对不允许！"儿子点头答应了。3年高中生活，他真的做到了遵规守纪，没有违纪一次！所以我们家长一定要对孩子严格要求，让孩子从小事做起，别存任何侥幸心理，与违纪绝缘。

老师的批评教育是对孩子负责，表扬是爱，批评更是一种爱。孩子毕竟是孩子，家长要相信老师，主动和老师交流，了解真实情况，这样更利于孩子的成长。

**三、关心孩子身体，让孩子明白健康更重要**

孩子刚上高一时，我对他说："3年里，不允许你因为生病而请假。不是不能生病，但是不能因为生病请假。"不能因为头疼脑热请假，所以平时注意身体健康是第一位的。我把儿子的健康看得最重要，每次打电话说的都是健康问题。比如，明天要降温了，今天晚上我会打电话告诉儿子多穿点儿衣服。这么做，一是提醒他别感冒，二是让他感受到家长的关心。我说这一点是因为好多家长给孩子打电话不知道说什么，其实仅仅因为天气变化提醒一下，孩子也会感受到关心的。这样温馨的嘱咐，孩子感受到的是温情，自然愿意接受。再就是给孩子带水果。水果一定要带，而且规定好数量，一天吃几个，一共带多少。还要嘱咐孩子多喝水。昭雨基本水杯不离手，下课后第一件事就是喝水。

衡中3年，昭雨的身体一直很棒，这为紧张忙碌、高强度的高中学习提供了重要的保障。

**四、多鼓励孩子，给他信心**

昭雨的成绩是比较平稳的，但中间也有些问题。儿子高一时，考过年级13名、18名、20名、5名，一直比较理想，但有一次考了33名，我们就受不了了，觉得30名就是底线了。那时候我采取的方式是写字条，上面写上分析原因，中午去看他的时候交给他。家长帮助孩子不要喊空洞的口号，要借助具体的事，要有有效的手段，写字条就是一种很好的鼓励方式。

昭雨有一次考了100名，我想我对下一次考试有信心，可孩子是不是信心不足呢？我是怎么鼓励他的呢，我给班主任发了条信息，说孩子快考试了，我想起金融危机时温总理说过的一句话："信心比黄金和货币更重要。"我想让您把这句话转告给我儿子。班主任做得非常好，先是给孩子写了字条："你有一位优秀的爸爸，用‘信心比黄金和货币更重要’这样的话来鼓励你，你一定要有信心。”然后对全班同学说，这位家长用字条传达他对自己孩子提的要求，也是对咱们全班孩子提的要求。老师通过增强信心来鼓励孩子，效果特别好。

成绩起伏是极为正常的，没有任何一个学生的成绩一直都是平稳的，而很多家长却将其视为不好的现象。一个人的成长是不断犯错误并改正错误的过程，连成长都是波浪起伏的，成绩的起伏也就再正常不过了。

冰冻三尺，非一日之寒。成绩需要一个量变到质变的过程，只有坚持不懈地努力，成功才会属于你。所以，不管暂时结果怎么样，坚持很重要。一分耕耘，零分收获；两分耕耘，零分收获；三分耕耘，零分收获……一直到十分耕耘，才会有很大的收获。

**五、帮助孩子准确定位，淡定的心态是孩子进步的动力**

有些家长很不淡定，光看到自家孩子在小学、初中名列前茅了，高中一旦排名不理想，就担心孩子的成绩无法提升。

家长的这类问题主要出在心态上。小学、初中优秀的孩子到了高中却平常了，其实很正常，高中学生尤其是能进入衡中的学生都是优中选优的佼佼者，这就好比爬山，越往高处人越少，最后只有极少数人才能到达顶峰。所以到了高中，孩子和家长准确定位很重要，不要沾沾自喜于初中的辉煌，尤其初中玩着学就能考好的思想会害死人。

中考时，昭雨是衡水市的第2名。他进衡中的第一天，我就明确告诉他，忘记初中的辉煌，一切都是过去时，更高的山峰在眼前，要沉下心来，一步一个脚印地勇攀高峰；要坚定信心，明确目标，然后朝着目标迈进，有自己的步伐、节奏，不因别人打乱了自己的脚步，也不和别人比较，只要和自己比较就可以了。

只要有耐心，沉住气，就一定行！马拉松比赛从来不看起跑怎样，而看谁能笑到最后。

**六、相信天道酬勤，看到鲜花、掌声背后的汗水**

儿子学的是生物奥赛，确实辛苦，连寒暑假也没有。高一的暑假，儿子直接去河南师大培训了一个月，正是一年最热的时候。8月1日，我们几个家长去河南师大看孩子。昭雨到了我们住的宾馆，躺在床上一个劲儿说太舒服了，原来他们住的学生宿舍没有空调，只有一个小台扇，根本不起作用，并且阳台是封着的，对门是女生，又没法开窗户，所以宿舍就跟蒸笼一样。晚上太热睡不着怎么办，他们就写作业，一直写到凌晨一两点，第二天早晨五点半起来，直接去教室上自习。孩子们上午上4小时课、下午上4小时课、晚上上3小时课，利用早自习和晚上的时间写作业，太辛苦了！昭雨晚上在宾馆洗澡时说身上痒，我们这才发现他后背上全是痱子！

离开河南师大回家的路上，我眼里含着泪说："孩子太坚强了，如果是我，绝对做不到这样。他的毅力、他的坚持，让我佩服！"从那天开始，我真的要仰视他了。

寒假他去北京培训，回到家已经是腊月二十七了。昭雨回家后紧紧张张地写作业，初三又去河北师大培训。儿子从初三离开家，一直到5月8日奥赛考试，连放假都没回过家。我们是衡水市的，从学校骑自行车到家其实只有20分钟，可每次孩子放假都是我们带着干净的换洗衣服把他接出来在外边吃饭、洗澡，晚上7点再将他送回学校。他想利用放假的时间多学习，说有太多的知识需要掌握。奥赛考完后，我们都认为这回儿子该回家了，但他依然没有回家，说这个月一直学奥赛，落下了太多的高考课程，正好利用放假好好补一补。一直到6月放暑假，他才回家。

儿子正是因为付出了无数的艰辛，才收获了清华大学这张金灿灿的录取通知书！

**七、用心陪伴孩子，坚持写成长日记**

我是文科生，从小就有写作的习惯，喜欢把一些所得、所悟记录下来。儿子出生后，我每天记录他成长的点点滴滴，写了好几本日记，但由于各种原因只持续到他2岁多，后来就没再坚持。

孩子上高中后，我想把他上小学和初中没记录的遗憾弥补上，就开始同步他高中的成长经历，一是可以给孩子留下珍贵的记忆，多少年之后回头看看自己的高中生活，会收获满满的幸福；二是可以留下宝贵的教子经验和感受，让更多家长和孩子受益；三是可以及时发现教育孩子中存在的问题，加以改善和提高，更好地帮助孩子成长；四是可以提高自己的教育水平，抓住难得的学习机会，和孩子一起成长；五是可以监督自己，做到每次接送孩子都能和孩子多沟通交流，从而更好地融洽父子关系。

昭雨高中三年，我写了30万字的《和儿子一起成长的衡中3年》，详细记录了孩子成长过程中的点点滴滴，有成绩起伏的纠结、奥赛和高考难以兼顾的迷茫、奥赛失利的痛苦和不甘，有远足时的激扬青春、成人礼时的感恩成长、清华“领军计划”的青睐、百日誓师活动的激情，还有舍我其谁、霸气回荡的豪迈。尤其是高考前的煎熬，孩子成绩起伏不定、大起大落，情绪不稳定。日记中当然也有作为高三家长的焦虑，尤其是想帮却帮不到、不知道怎么帮的纠结心情，更有高考时的忐忑不安、高考后等待分数分分秒秒的煎熬、出分后的欣喜、确定大学之后的踏实！

满满的30万字阐述了孩子的成功，得益于学校、老师、家长和孩子自己的共同努力，被认为是家校互联的典范。2019年6月，人民日报出版社将其正式出版发行。

与孩子一起成长！

## ◎一个衡中家长的卓越追求

（480 班胡小鹄家长；胡小鹄考入中国人民大学）

我是衡中480班胡小鹄家长。胡小鹄毕业于中国人民大学国学院，留学于伦敦国王学院，获文学硕士学位，成功进入北京某区政府公务员选培生队伍，文史类双料第1名，笔试成绩领先第2名5分。他被录取的次日，有一个同样体检的选培生入群与胡小鹄打招呼，一问，竟然也是衡中毕业生。20个被录取的学生里，有2个衡中学生。

感恩衡中的教育，感激追求卓越的激励。

衡水中学的校训是“追求卓越”。10年前，我把大儿子胡小鹄送到衡水中学，如今，小儿子胡小鸿也踏进美丽的衡中校园。10年来，我带着孩子们行走在追求卓越的人生征途上，不仅深刻理解到追求卓越的内涵，还以持之以恒的努力亲身践行着衡中校训。

**一、我是一个癌症晚期患者，顽强抗击病魔就是追求卓越**

2016年7月初，脖颈处的淋巴结开始膨胀，我意识到最初的检查是误诊。确诊后，我和妻子奔赴北京肿瘤医院就诊。彼时，大儿子正就读于中国人民大学，即将升入大三，小儿子即将上小学五年级。

那是一个刻骨铭心的暑假，从7月6日我被确诊为罹患鼻咽癌之后，就开始了《另起一行：胡子宏生命日记》的写作。我希望给两个儿子留下爸爸病中的人生感悟，也借此冲淡身患绝症后的恐惧感。

从病情确诊的第一天开始，《另起一行：胡子宏生命日记》一直保持着每天一篇原创文章的规律，迄今我已写了1700多篇，达500万字。病重时的每一篇文章，都是我躺在病床上用手机在微信上一段一段摁出来，然后由胡小鹄编辑发表的。5年来，无论是在治疗中，还是在家休病假、在单位上班，我都坚持每天写一篇原创。

我追求卓越的过程，也在给孩子做表率——身为父母，你想让孩子成为一个什么样的人，那么你就要先成为一个什么样的人。

孩子的学习态度，实际上就是我这个父亲在学习态度上的传承。许多次，一篇稿子由开始写作到编辑完毕，我牢牢地把自己钉在书桌前，敲着电脑键盘，连续坚持4小时。我做出了表率，孩子们在学习时就会懂得，稳稳地、专注地坚持几个小时才是真正的学习状态。

追求卓越，不能只是一句口号，必须体现在行动上，那就是把很多细微的小目标积累起来，凝结成一个大目标，然后为了这个大目标而不懈努力。

5年来，我的“胡说”微信公众号的粉丝数量由2万人发展到10万人。在文章里，我坚持弘扬自己战胜困难、与命运硬扛的正能量。我不是英雄好汉，但是，身处险境，我不服输、能扛事、不抱怨，这就是逆境中的追求卓越。

对于一个癌症晚期患者而言，活过5年，能继续支撑着孩子们的成长，力争为孩子做出表率，这就是成功地追求卓越。

### 二、刻苦到偏执，勤奋到忘我，专注到无与伦比

对衡水中学的校训“追求卓越”，衡中家长有着很多的阐释。有人说，衡中人对校训的体验表现在“老师真教，学生真学，家长真配合”，我则把衡中学子的成长气质归纳成一句话：“刻苦到偏执，勤奋到忘我，专注到无与伦比。”

2014年春节前的期末考试，胡小鹄成绩下滑。为了让孩子在假期里查漏补缺，把孩子从衡中接到家里后，稍做收拾，就陪他住进了酒店，实行全封闭式的学习。从腊月二十五到正月初六，11个日夜，孩子没有在家住过一天。

小儿子胡小鸿在读初中时，曾经有一个寒假，除了理发和看春晚两小时外，基本都扑在学业上，全部的作息，都是按照学校的时间节奏。

经常有人批判衡中学生对学业投入太多，孩子成为考试机器。实际上，一个目标的实现过程，从来不是高喊口号时的轻描淡写、壮怀激烈。衡中学生喊了口号继续学，外地的很多学生喊了口号继续悠闲，这就是学业态度的差异。久而久之，就会导致高考成绩的落差、成长和命运的差距。

“头悬梁，锥刺股”“囊萤映雪”“凿壁偷光”等传诵千年的励志故事，体现的就是成长过程中的“刻苦到偏执，勤奋到忘我，专注到无与伦比”，很多衡中学霸对学业投入起来是没有假期、没有节日、没有春晚的。这就是“专注、忘我”的体现。

我们都知道著名的衡中三问：“我到衡中来做什么？我要做什么样的人？我今天做得怎么样？”在我看来，这三问就是提醒衡中学子，在对学业的投入上，必须“刻苦到偏执，勤奋到忘我，专注到无与伦比”，这也是衡中学子与众不同的特质。

在衡中度过3年后，孩子们在大学遇到的任何学业困难基本上可以应对自如，只要孩子们拿出衡中的拼搏劲头，就可以实现任何学业上的目标。

**三、追求卓越就是成为最优秀的自己，既要竭尽全力，也要随遇而安**

衡水中学每年有几千名毕业生，升入清华、北大的毕竟是少数。当年，胡小鹄和他的同学们都心怀“文科北大”“理科清华”的志向。高考后，大多数学霸并没有实现清华、北大的梦想，但毋庸置疑，他们都成为最好的自己。

清华、北大是那么辉煌，几乎是每一个衡中学子的梦想，但未必所有人都能考上清华、北大，可这就意味着不成功吗？不是的，只要竭尽全力了，无论最后进入哪所大学，都要心怀坦荡、随遇而安。最重要的是，你在衡中的3年青春没有懈怠过，没有留下懊悔。

无论是患癌前还是患癌后，我都经常教育两个儿子，只要不是生死问题，一切困难都不是问题。

高考前，胡小鹄的成绩一度大幅度滑坡，情绪有些波动。我赶到衡水中学，陪孩子在校外一起吃涮鱼。我再次提到，努力的价值是做最好的自己。小子面带不屑地说：“爸爸，你是不是想说你们大学同学里你混得最差，你依然在努力？哎呀，放心吧，我知道你怕我压力大了跳楼。这么说吧，即便你去跳楼，我也不会跳楼。”一句话令我心结大开，我高高兴兴地说：“对对对，想得开就好，今天放开吃吧。”

相比起大儿子是衡中学霸，小儿子则是学弱型学生，但他们对待学习的态度基本上令我满意。我经常对小儿子说：“只要不是生死问题，一切困难都不是问题。即使像爸爸这样，遇到了生死问题，怎么办？难道要放弃吗？不，要争取把生死问题变成普通问题，再把普通问题变成小问题。”

令我欣慰和自豪的是，我成功地把生死问题变成了普通问题。其间，身为父亲，我一直给孩子做着表率。每一个父亲，哪怕是最窝囊的父亲，也都懂得给孩子讲道理。可是，如果你只会讲道理，而不给孩子做出身体力行的表率，所谓的道理就不会有说服力。

作为衡中家长，我很骄傲，不仅熬过了与癌症搏斗的焦灼，还为孩子做出了表率。胡小鹄成功入职北京某区的公务员选培生后，胡小鸿又成为衡中一员，这既是对我这个追求卓越的老爸的报答，也是我这个做家长的对下一代付出心血的收获。

我想告诉衡中家长们，我们的孩子进入了著名的衡水中学，踏上了追求卓越的人生征程，从现在起，我们应该与孩子一起去实践衡中校训。追求卓越的本质不就是伟人那句“好好学习，天天向上”吗，衡中家长在生活中、工作中，也必须“天天向上”啊。

让我们做一个追求卓越的衡中家长，不管孩子是否对我们心怀感恩，等他们成家立业、成为父母后，就会意识到，衡中校训是人生一笔宝贵的精神财富，而自己，是踏在父母的肩膀上成长起来的。

## 育儿，育己

### ——与孩子一起成长

（856 班高天鸿家长；高天鸿考入清华大学，全省理科第 1 名）

转眼间，天鸿在衡中的高中生活已落下帷幕，回首3年来我们在衡水湖畔求学的心路历程，颇有几分感慨。

**一、过渡**

在最开始的一年里，时间被各种“过渡”充斥得像一只时刻都会爆炸的气球：从初中向高中的过渡，从走读向住宿的过渡，从高考向竞赛的过渡，从回家路上的喋喋不休向几个月住宾馆不回家的过渡，从中考状元向第2、第3……的过渡，等等。尽管有波折，但都是波澜不惊。

高一第一个月应该是考验大多数家长和孩子的艰难时刻，天鸿也不例外。对陌生环境的适应，对初中同学的惦念和留恋，对选择的疑惑，对未来的迷茫，对父母的不舍，如此种种，五味杂陈，鸡尾酒般的情绪每次都把回家的路塞得满满的，我们的心也变得沉沉的。

就像各种狗血小说的经典剧情，短短一个月后，856班的老师和同学让天鸿满血复活，找回了自己，同时也感受到了“叶总”的热情、姜宝的丰富、子涵的才气、家硕的豪情、康博的沉稳、于飞的豁达……渐渐地，回家的路上有各种逸闻趣事的陪伴，各种无厘头、各种匪夷所思还有各种不可能发生但确实是事实的“灵异事件”。我们不无夸张地纵情笑着，笑着笑着就流出泪来，这泪水有喜悦也有不舍。

雄鹰本来就属于天空，他要飞走了。

**二、纠结**

高考和竞赛如何平衡？“权哥”（孩子和家长对张权老师的昵称）不止一次地、无比坚定地回答：“在坚持高考的基础上，加强竞赛。”听老师这样讲的时候，心里真的转不过弯来——难道就不能放手一搏？这样脚踩两只船岂不是更容易出问题？这样下去会不会和其他学校的差距越来越大？很快暑假的北大物理科学营无功而返、9月的物竞复赛铩羽而归，两记闷棍打醒了梦中人，老师是久经沙场的“老帅”，我们只是不知天高地厚的“小白”，可谓无知无畏。

从客观上讲，物奥竞赛的范围过于宽泛，是真正的蓝海。用高中两年的时间不可能实现全覆盖，这就决定了奥赛成绩的不确定性，这基本上是谁都无法克服和逾越的。正因如此，在一群水平接近的同学当中，考试时的心态就成了决定最终成绩如何的最重要的砝码，也是造成奥赛成绩大幅度波动的直接原因。以前我们只是听说奥赛竞争如何惨烈、现实如何残酷，其实我们对奥赛的认识可能连比较浅都谈不上，应该是没有任何概念。经过上述两次近距离接触奥赛，这才发现：现实何止是骨感，根本就是骷髅。

难道这条路选错了？纠结！

**三、平衡**

办法总比困难多，经过和老师、天鸿还有多位家长反复讨论，我们逐渐厘清了思路，稳定了心态。高二，我们回归正途！

奥赛生的心态为什么容易失衡，因为担心名落孙山，所以往往会破釜沉舟、背水一战。如果像其他学校那样把“宝”全押在奥赛上，这种心理负担是难以承受和把控的。学校和老师亲历了无数次奥赛战场，对其中的凶险比任何人都清楚，所以才制定了两条腿走路的奥赛政策，为奥赛生留好了退路。如果最后真的回归高考了，以奥赛生的综合能力，也许会成就另一段佳话。从根本上解决心态问题，是制胜的法宝和独门绝技。2019年的高考状元王昊就是数奥退赛后参加高考的，最后去了清华的智班。天鸿的经历也是学校战略正确性的极佳注脚，这种“雄关漫道真如铁，而今迈步从头越”的气魄和底气是我们获得好心态的根本保证。恰恰是有了这种底气，我们才能真正以平常心来看待复赛、决赛这两次“一锤子买卖”，这正是学校和老师“机关算尽、费尽心机”所要达到的最终目的。学校和老师为我们的竞赛生这样保驾护航，真可谓用心良苦！

由衷地向学校和竞赛老师献上最崇高的敬意！

**四、成长**

“成长”这个关键词一直贯穿着天鸿在衡中3年的学习生活，尤其是天鸿从高二到高三的过渡时期，可以说是脱胎换骨的镇痛期。从精神上的胸怀天下到能脚踏实地为之奋斗，从理论上跌落“神坛”能否扛得住的纸上谈兵到“无论成与败只是一种经历”的成熟，从内心孤独到团队作战、从无处安放的心灰意冷到复赛的意外之喜、从不完美的长沙之行到高考折桂、从做自己的事都顾此失彼到懂得关心父母和同学等，无一不体现了孩子的成长。

天鸿成长的阶梯上有激情四射、无论讲什么都充满哲理的“叶总”李老师，有睿智从容、润物无声、无比深沉的“权哥”张老师，有斗志昂扬、脸上时刻洋溢着青春笑容、无微不至的杨志张老师，有点石成金、字字珠玑、关键时刻该做的一件都不少做、不该做的一件也不做的昆鹏苏大叔，有自责到让孩子们心疼并无地自容、焦虑得让家长寝食难安的“套路很深”的战神王老师，有“岂曰无衣？与子同袍”、随时都能报团取暖的同学们，有视天鸿为己出、收到天鸿好消息能笑出声来、听到天鸿不开心就揪心的家长朋友们，还有煞费苦心、披荆斩棘、顶着巨大压力、尽最大努力营造最好学习环境的学校领导们，更有不胜枚举的各科老师，他们像夜空中一颗颗闪烁的明星为天鸿照亮了漫漫求学路。

其实，成长的不只是孩子，作为父母也是在被动地和（或）主动地“长大”。很多时候不是孩子离不开家长，而是家长离不开孩子。从刚把孩子送到学校心绪难平甚至“大雨滂沱”，到后来看孩子“云卷云舒”、观成绩单“潮起潮落”的“心若止水”，何尝不是一种成长；从有点儿“风吹草动”就“才下眉头，却上心头”，到静待花开、感谢上苍，任由其接受挫折教育的“佛系”爹娘，又何尝不是一种领悟。

当然，我们对彼此的成长心有戚戚，秘而不宣。

感谢衡中给我们和孩子一起成长的机会，感谢老师为我们在育儿、育己的道路上保驾护航！

## 注重心理建设，打造良好心态

（867 班赵雅萱家长；赵雅萱考入北京大学，全省文科第 1 名）

2021年6月25日凌晨，高考成绩可以查询的那个时刻，现在想起来仍然令人激动不已。孩子在2021年高考中取得了骄人的成绩，我们一家三口击掌相庆。在和招生老师的沟通交流过程中，北京大学莫老师的询问带给了我们不一样的感受，真不愧是全国高水平学府的老师啊，看重的点和常人的确不同，其中几句话令我至今难忘。老师说：“感觉雅萱同学的心理建设做得很好，孩子很有安全感，精神自由独立，整体状态阳光向上，很有发展潜力。”仔细想想，这的确也是我们在培养孩子的过程中时刻注意的一点。在孩子的心理建设方面，我们主要是从以下几方面着手的。

**一、积极肯定，完全接纳**

从步入衡中的那天起，孩子就感受到了一种前所未有的压力，这些压力部分转化为奋起直追的前进动力，部分则演变成了焦虑，从每天都要给我们打一个电话的行为中，我们明确地感受到了这一点。作为父母，我们逐渐意识到，这种压力必将伴随孩子高中三年而成为一种常态，所以我们没有过多地讲什么大道理，而是很理解和接纳这种感受，耐心地倾听她的每一次倾诉。3年来，除了高考前一个半月的封闭训练时间，赵雅萱的电话几乎每天中午雷打不动，我们也是坚持接听从未遗漏。我们的这种包容态度，打消了孩子的种种顾虑，使她的负面情绪得到尽情地释放。随着时间的推移，渐渐地，孩子的电话内容也从诉苦抱怨转化成聊天问候。有一天孩子问我："妈妈，我每天给你打电话你烦了吗？"我说："怎么会呢，妈妈每天能听到你的声音是种享受。"通过电话沟通，我们让孩子知道了暂时落后是一种相对后退，知道了学校的各种貌似严苛的规定是维护秩序的制度保障，洞悉了老师的严格要求里那满满的爱意呈现。只有在家长完全的接纳下，孩子才会放心大胆地向你敞开心扉，这时候真正的沟通才会成为一种可能。

**二、正向引领，以身示范**

在衡中，学习成绩较好的学生都承担着一个或多个班级或校级管理职务，赵雅萱高中三年都是班里的学习委员，高一还兼政治科代表，高二是校学管会主席。为同学们服务是一种光荣，但时间要靠自己去挤，在争分夺秒的衡中这的确是有些困难的。孩子也曾抱怨为此耽误了学业，也曾想过辞去各种职务。作为家长，我们对孩子的这种想法十分理解，也表示会尊重孩子的选择，但我也和孩子分享了我在学生时代担任班长的感受和收获以及对自己今后工作的积极影响，同时把在应急管理局分管疫情工作时荨麻疹急性发作仍带病奋战在抗疫一线的经历说给孩子听。我们告诉孩子，为集体的每一份付出都将转化为一种能量，让自己发光发热，照亮别人的同时也会温暖自己。孩子接受了我们的理念，在高中的3年时间里为班集体做了许多力所能及的事情，很好地锻炼了自己的能力。

**三、调动资源，切实助力**

培养孩子的良好心态，光靠家长是远远不够的，还要积极调动身边的一切资源。

首先，要充分利用好衡中的励志资源。在衡中，每天晨读的励志口号、校园里随处可见的标语、班级的板报都是引领孩子积极向上的宣传阵地；各类主题活动，大到80华里远足、18岁成人礼、高考百日誓师大会，小到班级主题班会、小组讨论会，都是激励孩子很好的资源。我们时刻注意与学校同步，引导孩子领会学校各类活动的主题意义，对于打造她的积极心态起到了良好的辅助作用。

其次，班主任老师也是很好的资源。家长一定要和班主任老师建立起良好的沟通，积极把孩子的一些个性化情况介绍给老师，在孩子情绪低落时与老师联手开导，特别是高三下半学期，这一点尤为重要。在这里万分感谢孩子的高三班主任王行老师，在孩子情绪波动时全身心陪伴，带孩子在校园里散步解压，还时不时写几句励志的话送给她。高三下半学期，王老师在每次月考后都第一时间把孩子的成绩发给我们，这样就为我们第二天中午接听孩子电话提供了充分的准备时间。

再次，同学也是极好的资源。孙一涵是赵雅萱的同桌，两个孩子性格十分互补，孙一涵的轻松幽默带给了我家孩子很大的欢乐；李安诺是赵雅萱的饭友，在一起吃饭的时间虽然短暂，但寥寥数语的分享也在很大程度上缓解了孩子的压力。贾思睿虽然是外班同学，但她是赵雅萱小学、初中的同学，两人偶尔在校园里相遇聊上两句，也能让孩子高兴好几天。

最后，专业的心理辅导老师助力孩子心态向稳。早在孩子上初三的时候，我们就给她请了一位心理专家专门辅导心理，不定期地进行视频授课。心理老师高中三年来的倾听、辅导、陪伴，对赵雅萱高考夺魁起到了至关重要的作用。尤其是在最后一个半月的封闭学习期间，孩子回忆说自己就是按照心理老师传授的方法去化解各种压力的。

高中生活的开启，意味着压力与动力、挑战与机遇相伴而行。愿所有即将踏入衡中校门的新生都能注重自身心理建设，运用合适的方法，打造平和又积极的良好心态，创造出努力拼搏又不失美好的高中生活。

## 八步登科

（869班梁晨曦家长；梁晨曦考入北京大学，全省文科第10名）

从孩子上学开始，我便深刻体会到教育的重要性。为了不给孩子的未来留下遗憾，我尽最大的努力，给孩子选择最优的教育环境。不知不觉中，孩子要初升高了。高中是学习生涯中最重要的阶段，可以说是人生中最重要的分水岭，决定着这个人以后的路。我开始给孩子物色高中，首选便是衡中。衡中是全国名校，是大学生的摇篮，踏进衡中就相当于进入大学的校门，这归功于它强大的升学率、神一般的存在。

考上衡中成为曦曦的目标，功夫不负有心人，中考那年曦曦圆梦。进入衡中后，曦曦又有了清北梦，为了新的梦想继续努力奋斗，衡中最终圆了孩子的北大梦。在这个过程中，孩子是如何阶梯式成长的呢?

**第一步，信心的阶梯。**

梁晨曦进校时的学号是20，中等偏上一点儿。在一次次的调考中，我发现曦曦数学很薄弱，针对这个问题，我们利用2020年初疫情暴发后的休假时间，每天加强数学训练。早上早起半小时，晚上晚睡半小时，曦曦自己又买了一些学习资料拓宽知识面，通过不断的练习来提高数学的综合素养，训练三种加速度（阅读加速度、书写加速度、计算加速度）。高三返校第一次测试，数学取得了满分的成绩，这是她第一次考到150分，让她对数学充满了信心，从此数学基本就在130分以上了。

**第二步，行为的阶梯。**

即学习当中的常规化，养成好的习惯，重视错题。孩子的学习习惯是从小就开始培养的，如上小学一年级的时候，只要家长在家，就不让她单独写作业，而是看着她写，监督她养成一笔一画的好习惯。进入衡中就更需要这种学习常规，争分夺秒地利用好时间，每天可以节约出半小时来补弱势学科。这样经过一段时间的学习，就能不断进步、不断提升。

衡中家长拼的就是执行力，家长不要看着孩子努力，要和孩子一起努力。曦曦进入高三，取得了十几次年级第1名的好成绩。

**第三步，知识的阶梯。**

进入衡中的每一个孩子都是各个初中数一数二的优秀学子，所以要杜绝自高自大，不但要有书本上的知识，也要有实践。我们一直是这样教育孩子的，也是出于这种认识带孩子走出去增加人生阅历的。曦曦小学升初中的暑假，我们就带她们姐妹俩欧洲自由行，去了意大利、法国、西班牙。曦曦初一时参加了“安徒生童话之旅”游览，去了丹麦。通过不断地走出去，了解不同的风土人情，看到自身的优点、自己国家的美好，也认识到自己的不足、自己国家的差距，这样才有学习的动力，才能好好学习、拼命学习，为实现伟大复兴的中国梦而努力。

**第四步，节制的阶梯**。

节制是进步的保障，没有节制就没有进步。2020年疫情特别严重，孩子们都在家学习，在许多家长都要去上班的情况下，孩子们在家一个人学习，游戏就有了很大的诱惑。有的孩子经不住诱惑，游戏玩多了，学习的效率就降低了，返校之后就听不懂了。特别是数学、物理、化学这样的学科，关联性特别强，听不懂成绩就会大幅下滑，所以这就需要孩子有比较强的一个节制力，管住自己不被游戏等电子产品所辖制。只有节制自己的欲望，才能进步。

**第五步，忍耐的阶梯**。

忍耐就是一种磨炼，就是要克服诸多的困难。在学习过程中，要重视作业，学案、自助要高质量地完成；也要重视考试，考试是为了查漏补缺。文科生通常最怕数学，许多孩子一考数学，手就发抖，心就发慌，当然谈不上好成绩。我跟孩子说："你一定得把数学测试看成发现问题的一个途径，要树立考不好是好事的思想。为什么呢？因为考不好就说明我们知识的漏洞都暴露出来了；相反，如果不会的都没有考到，虽然这样就能考高分，可那就是好事吗？"孩子明白了，只有不会的暴露出来了才是好事。有了这样的认识，自然而然就把压力的包袱放下了，开始以全新的心态对待调研考试。考试的目的就是要发现问题、解决问题，然后提高自己。

**第六步，敬畏的阶梯**。

忍耐之后能够产生一个高度，这个高度就是敬畏之心，敬畏知识、敬畏老师、敬畏父母，从而感恩衡中、感恩老师、感恩父母，这样才能使自己再向上一个台阶。

**第七步，爱同学的阶梯**。

活在群体当中，要有爱同学的心，要向他人学习。

高考结束后，曦曦是这样总结数学试卷的："从今年的高考试卷看，数学学科引导我们学习要从六方面下功夫：①在主干知识的掌握上下功夫；②在学科本质的理解上下功夫；③在思想方法的领悟上下功夫；④在应用的探索上下功夫；⑤在创新思维的形成上下功夫；⑥在素养的养成上下功夫。”

国家正推行的“强基计划”要选拔重视基础学科的人才，所以要培养具有严密推理逻辑的人，具备高度抽象概念的人，具备一丝不苟、精益求精作风的人，具备自觉的数量观念的人。那孩子们应该怎么做呢？例如，会的题要和同学们分享，在讲解的过程中再提高自己。不管是哪个学科都可以采用这样的学习方法，即互相欣赏、彼此成就。

**第八步，爱国的阶梯。**

这个是终极实践。孩子考入心心念念的北京大学，感恩母校、感谢老师，以考入国家发展学院作为短期目标，为成为衡中知名校友继续努力，最终实现报效祖国的宏大愿景。

# 第二节　家长须知

## ◎认知：做学习的家长，学习做家长

教育子女是父母的天职，家庭教育是一切教育的基础，家庭教育在未成年人思想道德建设中具有特殊的作用。苏霍姆林斯基曾说，给祖国培养出忠诚儿子的父母，是给自己立下了活生生的不朽的丰碑。现实生活中常有一些父母对教育子女束手无策，有的家长只知道让孩子吃好、学好，放松了心理疏导，忽视了健全人格培养。父母对孩子的理想淡化、不守纪律、害怕艰苦、缺乏爱心、奢侈浪费、不会做人、精神空虚、行为失范等现实从心底发出感叹："今天的孩子真是不好带！"许多父母在社会上和生活上是强者，而在教育子女方面则是弱者。是悉心教育还是散养？是理性培养还是溺爱？孩子确实都会长大，但是孩子成长的情况则完全不同，关键在于家长有没有真正掌握教育孩子的科学理念和方法。

**一、做学习的家长**

我们常说，"父母是孩子的第一任老师""孩子是父母的影子""孩子是父母的复制品"，毫无疑问，这些话提示为人父母者，你的言行就像一面镜子，照出孩子将来的样子。爱学习的父母，言传身教中培养的是爱学习的孩子。梁启超是近代了不起的国学大师，培养出好几个大师级的子女，他的家庭是现代屈指可数的"学术世家"。他的家庭教育如此成功与梁启超言传身教密不可分，无论是家庭环境还是给子女的书信中都能体现出他是如何积极促进孩子们的学业的。他在信中对儿子梁思成说："因为我们做学问的人，学业便占却全部生活之主要部分。学业内容之充实扩大，与生命内容之充实扩大成正比例。"梁思成因车祸住院，他在信中说："吾欲汝以近两月中取《论语》《孟子》，温习暗诵，务能略举其辞，尤于其中有益修身之文句，细加玩味。次则将《左传》《战国策》全部浏览一遍，可益神智，且助文采也。更有余日，读《荀子》则益善。"可见，没有一位以学习、学业为重的父亲，也就没有了一家三院士、九个子女皆栋梁的传奇。

**二、学习做家长**

成为家长容易，成为能为孩子成长尽职尽责的合格家长不容易，需要家长学习的是一门博大的学问，更是一门长期的学问。

1.了解孩子的发育成长过程，利用好每一个关键期。

例如，孩子1岁时是培养安全感不可错过的关键期。有些父母在孩子幼小时就将其留给爷爷奶奶带，错过了孩子安全感的培养，就会为孩子将来的生活埋下隐患。2岁不要错过幽默感的培养，3岁则是创造力培养的最佳时期。在孩子成长的过程中，每一个关键期都是机不可失、时不再来的，错过了就错失了对孩子某一项能力的培养，甚至有可能错失了孩子幸福的一生。

2.了解相关的性格知识，帮助孩子扬长避短。

人生而不同，每个人都有独特的天资禀赋，每个人接收和处理信息的方式都各不相同，正是因为这些不同形成了各不相同的人格类型。及早确定孩子的人格类型就能更早地进行潜能开发。换句话说，你越深入了解自己的孩子，越能尽早入手对孩子进行个性和能力培养，孩子越能少走弯路，越容易获得能力范围内的成就和幸福。例如，美国作家伊莎贝尔·迈尔斯和彼得·迈尔斯合著的《天生不同 人格类型识别和潜能开发》一书，系统详尽地分析了人格类型的种类及其识别方法，有助于对孩子进行更加科学的人生规划和职业生涯规划。

3.树立家风有规有矩，培养孩子的规则意识。

家风不拘形式，写在纸上传给后辈的是家规；传之于口、耳提面命也可以是家规，身体力行、率先垂范也可以是家规。俗话说“没有规矩，不成方圆”，孩子的规则意识要从父母学会守规则、立规矩开始。例如，很多孩子沉溺于玩手机游戏不能自拔，那么家长不妨在满足孩子玩的欲望的前提下制定规则，并且和孩子一起制定、共同遵守。诸如，手机是父母的财产，不属于孩子，手机不可以带到学校去，放假期间每天玩手机游戏的时间不超过40分钟、晚上10点30分关机，等等。

4.适时进行生命教育，让孩子懂得珍爱生命。

父母赋予了孩子生命，更应该教给孩子珍爱生命的理念，唯其如此，孩子才能推己及人尊重其他人的生命，尊重其他生物的生命。2013年，沈阳市一小区频频发生小孩虐猫、掐猫、烧猫事件；2014年，重庆市一个10岁小女孩在电梯内将一男婴摔打后扔下高楼；2017年，17岁男孩小斯高考后不久自杀；2018年，汕头市某中学高一年级3名学生去河边烧烤时，1名学生不慎落入水中，另外2名不习水性的学生下水营救时一起溺亡……让孩子知道一个生命的降临不容易，每一个生命都应该给世界带来一份美好；让孩子知道遇到挫折时勇敢面对，放弃生命不是唯一出路；让孩子懂得力所不能及的见义勇为不要做，机智应对及时向成人求助方为上策，否则可能枉送性命。父母要培养一个珍爱生命的人，培养一个对生命负责的人。

5.学会更加理性地面对亲子关系，不溺爱，不越俎代庖。

在子女教育的问题上，一个重要的误区就是父母企图按照自己的人生理念和价值判断去改造子女，像制造产品一样重新创造自我。其实，子女是独立的自我，个性、才情自有其特色，不可能是父母的再现。子女不是父母破灭理想的实现者，也不是父母生活目标的达成者。家长应该为他们提供发挥自我、展示才华的必要客观条件，在他们成长的过程中给予及时的鼓励指导，提供一定的精神支持。父母面对与孩子有关的事情往往容易丧失理智，情感彻底左右了理性，这种情况下的教育只能适得其反。好的亲子关系是成就孩子的成长，对孩子的未来负责任，对社会负责任。

家长是一种职业，学无止境，没有无师自通；培养孩子健康成长是一门科学，尽心尽责，没有随随便便的成功。养育孩子是父母的责任，养育出一个优秀的孩子也是父母的义务。教育是一棵树摇动另一棵树，一朵云推动另一朵云。在家庭中，只有一个好的灵魂榜样，才能唤醒、撼动另一个效仿。愿家长们都能好好学习，学做一名合格的家长。

## ◎认知：高中生心理发展的基本特征

在少年期结束、青年期开始的高中阶段，学生心理的发展具有以下几个基本特点。

**一、不平衡性**

青年期是个体在生物性和社会性的发展上走向成熟的时期。作为青年初期的高中生，正处在从幼稚的儿童期向成熟的青年期过渡的时期，处于与儿童的外界获得时期相对应的内部获得时期。在这一时期，高中生的生理发展迅速走向成熟，而心理的发展却相对落后于生理的发展，他们在理智、情感、道德和社交等方面都还未达到成熟的指标，还处在人格化的过程中。也就是说，高中生的生理与心理、心理与社会关系的发展是不同步的，具有异时性和较强的不平衡性。

二、动荡性

高中生生理、心理发展的不平衡性以及生理和某些心理发展同道德或其他社会意识发展之间的不平衡性，一方面创造了个性发展以及道德和社会意识发展的条件，但另一方面也造成了高中生心理过程的种种矛盾和冲突，表现出一种成熟前的动荡性。正如别林斯基所说的："青年期也就是向成年过渡的时期，这种过渡往往总是分裂、不调和的……一个人已经不满足于自然的意识和朴素的感觉，他想知道更多。可是因为他在获得令人满意的知识之前，必须经过千百次的迷误，必须同自己作斗争，所以他也有磋跌的时候。这一点无论对于个人或是对于人类，都是一个确定不移的法则。"高中生心理发展的动荡性表现在知、情、意、行等各方面。例如，他们思维敏锐，但片面性较大，容易偏激；他们热情，但容易冲动，有极强的波动性；他们的意志品质也在发展，但在克服困难时毅力还不够，往往把坚定与执拗、勇敢与蛮干冒险混同起来。另外，他们在行为举止上表现出明显的冲动性，是意外伤亡率最高的年龄阶段。他们在对社会、他人与自我之间的关系上常易出现困惑、苦闷和焦虑，对家长、教师表现出较普遍的逆反心理和行为。

三、自主性

高中生正处在心理上脱离父母的时期，美国心理学家霍林沃斯把它称为心理上的断乳期。随着身体的迅速发育，自我意识明显加强，独立思考和处理事务能力的发展，高中生在心理和行为上表现出强烈的自主性，迫切希望从父母的束缚中解放出来，开始积极尝试脱离父母的保护和管理。他们具有很强的自信心和自尊心，热衷于显示自己的力量和才能。不论是在个人生活的安排上，还是在对人生与社会的看法上，开始有了自己的见解、自己的主张。他们已不满足于父母、老师的讲解，或书本上的现成结论，对成年人的意见不轻信、不盲从，要求有事实的证明和逻辑的说服力，对许多事物都敢于发表个人意见，并为坚持自己的观点而争论不休。如果说生理上的断乳是个体被动地离开父母，那么心理上的断乳则是个体主动地离开父母。

**四、前瞻性**

青年是连接过去与将来的中间环节，是从过去通向未来的过渡阶段。正如F.马赫列尔所说，青年是在把过去——现在——未来联结起来的连续轨道上产生、存在和发展的。处于青年初期的高中生有着最广阔的未来前景，他们对发展与未来充满了憧憬和向往。发展与未来是高中生最向往也是最广阔的领域。

这种面对未来的前瞻性使得高中生特别地富于理想，它引发高中生迫切地追求自我实现，这种对未来的占有优势，使得人们总是把青年同社会的未来相联系，指出“谁赢得青年，谁将赢得未来”。

**五、进取性**

由于生理上的迅速发育成熟，以及心理上的迅速发展，使高中生精力充沛、血气方刚、反应敏捷、上进心强、不安于现状、富于进取，颇具“初生牛犊不怕虎”的劲头。如果说成年人容易满足于已得到的利益，趋于保持现状，不思进取，青年则事事正在有待解决之中，常常是满怀希望，乐于开拓。

**六、闭锁性**

高中生不像儿童时期那样经常向成人敞开心扉，他们的内心世界变得更加丰富多彩，但又不轻易表露出来，心理的发展呈现出闭锁性的特点。他们非常希望有单独的住宿房间，有个人的抽屉，并喜欢把抽屉锁起来，好像有什么秘密的东西不愿让别人知道，其实里面并无什么要紧的东西。他们不大爱对长辈讲话了，在长辈面前显得寡言。高中生爱写日记，也是这种闭锁性的表现。记日记既可倾吐心声，又可保守秘密。

**七、社会性**

虽然心理内容的社会性早在儿童时期就已开始出现了，但是更大规模的深刻的社会化则是在青年时期完成的。进入中学后，就好像在人生的旅途中豁然开朗地步入了一个新的境界，高中生心理的发展愈来愈多地接受社会大环境的影响。高中生对社会现实生活中的很多现象都很感兴趣，喜欢探听新鲜事，很想像大人一样对周围的问题做出褒贬的评论，对社会活动的参与日益活跃。这充分表明他们思考问题已远远超出学校的范围，做集体、国家主人翁的思想开始萌发并日益强烈，尤其对未来生活道路的选择成为他们意识中的重要问题。他们在考虑未来的志愿及抉择时，比小学生和初中生更具现实性和严肃性，而这种对未来生活道路的选择，对高中生心理发展的社会性具有极其重要的影响。

## ◎认知：帮孩子适应高中生活

高中学习与初中学习有很大的不同，一是课程知识量更多，听课不像初中那么顺利，单元测试的分数往往没有初中高；二是老师的授课方式有变化，初中老师讲得细，学生以模仿为主，而高中则更多依靠学生的主动思考。建议家长在这两方面多多关注和引导孩子。

**一、纵向对比树自信**

当孩子信心不足的时候，家长要指导孩子纵向对比，自己跟自己比。这时孩子很容易对自己的学习能力产生怀疑，家长要帮助孩子找到这样一种感觉：我有进步；我能行；我永远不松懈。比如，单元测试的分数没有初中时高，家长不要批评，要多鼓励，“一两次考试说明不了什么”，并指导孩子不为分数而学习，抱着每天获取一些新知识的态度听课，慢慢帮孩子找回自信。

**二、找到适合的学习方法**

要想使孩子尽快适应高中学习，最主要的是找到适合的学习方法，预习、听课、复习是找到学习方法的关键步骤。课前做好预习，不是要孩子自学课本，也不要求完全看懂课本，而是要激发孩子的好奇心，让他对第二天老师讲的知识产生兴趣，最好是带着问题去听课。

刚进入高中听课时，学生也许会有听不懂的时候，有的学生一听不懂就放弃，思想开小差，这样会越落越远。家长可以鼓励孩子耐心听下去，将不懂的记录下来，课后向老师或者同学请教。有时一个环节没听懂，只要耐心听下去，也许就能解答没听懂的部分。

课后的复习也很重要，复习主要表现在作业部分。进入高中，家长往往不能辅导孩子的学习，但可以适当关心、留意一下孩子做作业的速度，看孩子哪门学科学习有困难。一般情况下，孩子花在哪门功课上的时间越多，哪门课就是他得意的项目，而那些他们不愿意做的作业往往是弱项。一旦发现孩子的学习困难，家长最好及时跟班主任和科任老师沟通、商量应对策略。

## ◎认知：做民主型父母

采取什么样的教养方式就能养出什么样的孩子。如果发现孩子哪里不对，父母先要反观自身是否有不对之处，但很多父母对于自己的教养方式并不自知。

### 一、教养类型分类

#### （一）民主型

这是一种温柔而坚定的教养方式，既有要求和指导，但又柔和灵活。这种类型的父母会对孩子提出合理的要求，并且会谨慎地说明要求孩子遵守的原因，保证孩子能够遵从指导。民主型父母会努力“看见”孩子的需求，更多地接纳孩子的观点并给予回应，他们还会征求孩子对家庭事务的意见，因此民主型父母能够认识到并尊重孩子的观点，以合理、民主而非盛气凌人的方式去引导孩子。

#### （二）专制型

这是一种限制性很强的教养方式。通常父母会提出很多种规则，希望孩子严格遵守。一般他们不会跟孩子解释这些规则的必要性，而是强制性迫使孩子去顺从。孩子顺从便好，不顺从就直接惩罚。专制型父母往往无法敏锐地觉察到孩子的冲突性观点，只是希望孩子能够将他们所说的话当作法律，接受他们所给予的一切（常常他们会过度相信自己，并且认为都是为孩子好），并尊重他们的权威。

#### （三）纵容型

这种教养方式就是我们常说的溺爱型，是一种接纳且放纵的教养方式。这种类型的父母有较少的要求，允许孩子自由地表达自己的感受和冲动，但不能够密切监视孩子的行为，很少对孩子的行为做出坚决的控制。缺乏规则，无限制满足，尤其在物质满足上缺少限制。

#### （四）未参与型

这是最不成功的教养方式，父母大量缺席就是典型的未参与。比如，那些为了自己的事业奋斗的父母，完全顾不上管孩子；还有些父母长期在外务工，把孩子丢给老人。这是一种非常放任且具有较低要求的教养方式，这种类型的父母要么会拒绝孩子的要求，要么会由于过度关注自己的事情而对孩子投入极少的时间和精力。

## 二、不同教养方式对应的孩子表现

### （一）民主型教养的孩子表现

这是最好的教养方式，孩子一般发展得会很好。他们心情愉快，积极主动，独立，有目标感，有责任意识和担当，能与人进行良好的合作。

### （二）专制型教养的孩子表现

孩子一般情绪不稳定，大多数时间都是不愉快、不友好的，而且很容易被激怒，相对来说没有目标，偏于退缩，对周围的事物不感兴趣。

### （三）纵容型教养的孩子表现

孩子通常会表现出冲动和攻击性。他们一般比较粗鲁，喜欢以自我为中心，缺少控制性并且具有较低的独立性和成就感。

### （四）参与型教养的孩子表现

这种教养方式最差。孩子在3岁的时候就已经表现出较强的攻击性和易于发怒等外在的问题行为。

由此可见，民主型教养风格是和积极的发展结果联系最紧密的，更有利于培养孩子的自控力。孩子既需要爱和自由，也需要管教和规则来帮助他们规范和评价自己的行为。没有任何规则和约束，他们难以学会自我控制。

## 三、如何成为民主型父母

做民主型父母就是要做一个讲民主、有原则的父母，既充分尊重、接纳孩子的个性，给孩子自由发展、当家做主的空间，又对孩子提出切合实际的要求，不放纵、不迁就孩子，面对孩子成长中的错误、挫折能完全理解、接纳并及时提供有效的帮助。

### （一）既要“讲爱”，也要“讲理”

在生命之初的前几年，家庭这个微环境系统对于婴幼儿发展的影响始终处于核心地位。正如苏联教育家马卡连柯所说，不要认为只有你们同儿童谈话、教育他、命令他的时候，才是进行教育。你们是在生活的每时每刻，甚至他们不在场的时候，也在教育着儿童。你们怎样穿戴、怎样同别人谈话、怎样谈论别人、怎样欢乐和发愁、怎样对待朋友和敌人、怎样笑、怎样读报，这一切对儿童都有着教育意义。

1.家庭是情感支持的纽带，需要“讲爱”。

家庭作为社会中最基本的单元，还有一个重要功能是为人的发展提供情感支持。它通过血缘关系、依恋关系、手足之情，可以将所有家庭成员紧密联系起来，并成为每一个成员内心情感支持的联结纽带。无论我们长多大、走多远，家庭成员之间的情感支持始终是我们的精神力量之源。从婴儿出生的那一刻，他就需要从抚养者那里不断获取身心成长所必需的情感支持，也就是我们常说的对孩子无条件的爱。

2.家庭是社会性发展的起点，需要“讲理”。

社会性发展指的是儿童获得社会中年长成员所认为的那些重要和适宜的观念、动机、价值观以及行为的过程。首先，社会化是规范儿童的行为、控制其不合理冲动的一种方式；其次，儿童在社会性发展过程中所获得的知识、技能、动机和愿望，可以使他们更好地适应所处的社会环境；最后，社会性发展良好的儿童会成长为有能力、适应性强、亲近社会的成年人。

因此，在家庭这个最基础也是最重要的社会系统里，父母不仅要对孩子“讲爱”，对孩子有关爱、有尊重、有接纳，给孩子无条件的爱，还要对孩子“讲理”，对孩子有要求、有限制、有约束，给孩子立界限、定规则。

**（二）温柔而坚定地守住底线，耐心而坚决地树立权威**

一开始，民主型父母教养的孩子往往会反抗父母的要求，但是父母对自己所提的要求坚定不移，同时又有足够的耐心等到孩子变得顺从，而不会迁就孩子的不合理要求，也不会以势压人，长此以往，孩子最终就会变得更顺从。

这就要求父母温柔而坚定地守住自己的底线，在原则和要求面前不轻易对孩子让步，耐心而坚决地树立自己的权威。否则，孩子很可能得寸进尺，最终令父母难以招架，让父母的权威甚至尊严逐渐丧失殆尽。

1.坚持要求孩子做出适当行为。

在引导孩子做出符合期望的适当行为时，孩子可能会出现不配合甚至故意作对的情况。一旦我们对孩子提出了要求，就一定要做到言出必行，切忌犹豫不决、优柔寡断。如果父母对自己所提的要求和底线都不能坚持，那么孩子就很容易学会钻空子。

2.坚决而耐心地对待不顺从行为。

当孩子出现不顺从行为时，我们不要采用强制性的手段逼迫孩子“就范”，而是需要通过我们的耐心去等待孩子，通过我们的坚决去影响孩子，让孩子断了不顺从的念头。孩子察言观色的能力似乎是与生俱来的，如果孩子察觉到自己的不顺从行为轻易得逞，那么下一次表现出的很可能就是更大的不顺从，最终摧毁的就是父母在孩子心中的权威和地位。

**（三）创建积极、健康、和谐的家庭环境**

父母有责任为孩子提供积极、健康、和谐的家庭环境。心理学研究表明，人的原生家庭对人的一生影响重大。为了对孩子负责任，家长应该做到如下。

1.不搞家庭暴力（包括冷暴力）。

2.不与家人（尤其是夫妻间）在孩子面前吵架。

3.每天花一定时间陪伴孩子，让孩子感受到父母的爱与家庭的温馨。

4.避免不文明行为，如乱扔垃圾、插队、公共场所大声喧哗等。

5.尽量不说抱怨的话，给孩子传递乐观、向上的积极情绪。

**（四）顺应孩子的天性，尊重孩子的选择**

孩子是一个独立的个体，不是家长的私有财产，家庭更不是家长的殖民地，孩子和家长都是平等的人。要顺应孩子的天性、尊重孩子的选择，家长应该做到。

1.学会倾听孩子，不把自己的想法和意见强加给孩子。

2.给孩子独立的权利和机会，不要包办孩子的一切。

3.不要看不起孩子，更不要把自己的孩子跟别人的孩子进行比较。

4.尊重孩子的隐私，不偷看孩子的日记，不偷听孩子的电话和偷看孩子的短信。

5.尊重孩子的选择，不强迫孩子接受擅自给孩子做的选择。

**（五）善于发掘优点，学会赞美孩子**

孩子需要被发现才会充分发掘自己的潜力。发掘孩子的优点，家长应该做到如下。

1.善于发掘孩子身上的优点和亮点，并找到孩子的缺点和不足，帮助孩子成长。

2.学会赞美孩子，一定要真诚、具体、实事求是。

3.不把成绩和分数作为评价孩子的唯一标准，而是关注孩子的人格培养、身心发展。

4.对待孩子有耐心，不把自己的压力和焦虑传递给孩子。

**（六）允许孩子犯错，学会管教孩子**

孩子一定有犯错的时候，也一定有需要改进的地方，父母要学会引导和管教。如何引导，如何规范，家长应该做到如下。

1.给孩子犯错的空间，让孩子有机会经历和体验做错事的后果。

2.对于触及原则的问题，要及时进行引导，采用合适的方式进行批评。

3.批评孩子要就事论事，不要采用辱骂和体罚等粗暴简单的方式。

4.对待孩子的价值观要坚定，前后要一致。

## ◎认知：品德重于分数，状态大于方法

家庭教育最重要的任务是铸造人格长城。生活中看人常常是一俊遮百丑，有了高分数、好成绩就被看作好孩子。事实上，影响终身发展的因素中，分数并不是最重要的，起制约作用的是品德、品格，是做人的快乐，是受人欢迎、尊重，而不是知识学问。点点滴滴的影响，将会为人格的健全发展奠定厚实的基础。我们注意到不少父母过多关心孩子的学习，只要考出好成绩，什么要求都答应，什么愿望都满足，什么承诺都兑现，品德低下却不被关注，甚至有些孩子说谎，拿家里东西或别人东西，以自我为中心，不考虑别人的感受。这样的教育理念、方式令人忧虑。

既然教育是为了让孩子将来能够更好地生活，那么，生活就是教育的方向。我们在生活中需要的就是孩子将来需要的，现在考验我们的将来也会考验孩子，我们面临的烦恼、挑战和机遇将来孩子统统会面临。虽然时代不断改变，但是与人相处、消化压力、抵抗惰性和软弱、克制欲望、自我推销、打开局面、把握机遇等基本问题是亘古不变的。我们处理好自己的事情、做好自己，不仅为孩子提供了值得借鉴的经验，更传递给孩子一个积极的态度，所

以，我们做人的时候也是在做父母，我们生活的过程无时无刻不是对孩子的教育。

父母健康的人生观、价值观是家庭教育成功最重要的条件之一。父母通过对孩子提出要求以及朝夕相处，无时无刻不在向孩子渗透着自己的人生观和价值观，而人生观和价值观决定了孩子的人生方向和感受世界的方式。

生活毁灭人是无声无息的，有如滴水穿石；同样，生活成就人也是无声无息的。只有关注生活的细节和进程，只能成为生活的主人，才能被生活所成就。人与人最大的差距是状态，有了状态就有了方法和方向。生活中，父母通过自己的做法给孩子示范，根据孩子面临的具体情境向孩子提出建议和要求，给孩子创造更好的家庭氛围和生活环境，以此来实现对孩子的教育。所以，生活的边界就是教育的边界，生活的过程就是教育的过程。

## ◎认知：成绩好不等于心理健康

南京儿童心理卫生研究中心曾将南京市4所学校的2211名学生根据学习成绩分为优、良、中、差4个组，然后采用世界先进的自评行为量表，对他们进行退缩、焦虑、抑郁等因子的测验。结果发现，学习成绩优秀的学生，其心理问题的发生率尽管低于学习成绩差的学生，但远远高过学习成绩良好和中等的学生。

当前我国青少年教育的重点是升学考试，取得好成绩成了学生们的巨大压力，如果不能以合适的方法缓解他们的压力，就会出现各种心理问题。学习成绩差的学生由于自卑和压抑，易发生注意障碍、攻击行为等问题；而学习成绩优秀的学生，则由于心理承受能力较差，易发生焦虑、抑郁等问题。那么，这些成绩优秀的学生的心理问题主要表现在哪些方面呢？

**首先，过分追求完美。**

一方面，对自己期望和要求过高，行为上关注细节，稍有一点儿做得不够好便惴惴不安，严重的甚至出现强迫症症状。另一方面，对他人和环境的期望过高，不是抱怨周围同学素质低，就是埋怨环境、设施不尽如人意，因而很少有幸福感和快乐感。

**其次，关注消极面。**

一些优秀学生在对自我的认识和评价上往往容易关注不足和弱点，对自己的长处和优点却视而不见。关注消极面还表现在经常担心会发生什么不尽如人意或令人害怕的事，不能容忍自己的失败等方面。

**再次，过分关注自己的形象和别人的评价。**

一方面，这些优秀学生过于追求完美的特征使得他们总想给人留下好印象，因而很在意他人的评价。另一方面，他们过分关注消极面的特点，使他们在与人交往中对自己的举止不满意，事后还要反复考虑有什么偏差，使自己很不轻松。

**最后，一些优秀学生还表现出对失败异常敏感，面临选择时患得患失、犹豫不决。**

不少人为保持“优秀”的评价而紧张焦虑，持续的不良情绪转化成了躯体症状，如头晕、失眠、胃痛等。

因此，家长要注意对成绩优秀的孩子的教育，不要以为学习好就一切皆好，要让孩子多接触社会、接触大自然，以拓宽视野、锤炼意志、开阔胸怀，并加强对孩子的挫折教育和艰苦奋斗教育，使孩子健康成长。

## ◎认知：鼓励比夸奖更有力量

现在各种教育资源、教育理念都在向家长阐述一种观点，就是要对孩子多鼓励、少批评，家长们通常也非常认可这种观点并且选择这样去做，但是，家长可能并不了解这种观点真正的意义。一般情况下，家长会认为对孩子鼓励就是要多进行表扬。很多家长只会用表扬的方式激励孩子，但是对孩子真正起到积极作用的并不是家长的表扬，而是家长的鼓励。

儿童心理学家卡罗尔·德韦克曾经花费了10年时间对400名孩子做过一项调查实验。他首先让孩子去参加一些简单的拼图任务，在孩子完成后给予孩子鼓励或是表扬，接下来会让孩子们再次完成拼图任务，但是与之前的任务不同的是，这次拼图任务会有两种难度让孩子们进行选择，令人惊讶的是，受到鼓励的孩子往往都选择了难度较大的任务，而受到表扬的孩子几乎都选择了难度较低的任务。

或许家长也会感到疑惑，为什么孩子们同样受到了激励却做出了不同的选择呢？卡罗尔·德韦克给出了答案，因为他们受到激励的方式不同，一种是夸奖，一种是鼓励。当孩子受到夸奖、表扬时，会觉得某件事的成功是因为自己本身的天赋，并不受自己控制，难度的增加会让他们担心自己天赋不够导致失败；而受到鼓励的孩子却不会这样认为，他们觉得自己获得成功是因为自己的努力，只要足够努力就会取得成功，所以他们更愿意去接受挑战。

鼓励是指家长对孩子言行的支持，对事情过程中孩子努力的肯定；而夸奖则是对事情结果的评价和表扬。在教育孩子的过程中，家长如果能善用鼓励，会让孩子知道通过自己的努力是可以改变结果的，而家长的夸奖会让孩子觉得家长更看重的是结果本身，所以经常受到夸奖表扬的孩子更不愿意去尝试挑战，因为他们很难面对失败。

很多家长已经摆脱了对孩子的打压式教育，对鼓励式教育表示认同，但是，在对孩子进行鼓励时，一些小细节也不容忽视。

## 一、如何鼓励孩子

### （一）不对孩子进行比较

很多家长在鼓励孩子时常会犯这样一个错误，为了让孩子理解深刻，通常帮孩子设立榜样，“你如果像某某一样努力学习，就肯定能考个好成绩”，这种看似鼓励的话语，会对孩子形成自己不如别人的心理暗示。

### （二）针对性地鼓励

在对孩子进行鼓励时要有针对性，不要很盲目地对孩子说你做得很好，要具体指出孩子的好究竟表现在哪里，让孩子明白自己得到表扬的根本原因，这样他才会让自己正确的行为继续保持。

### （三）不对孩子自身进行夸奖

在孩子取得优异成绩时，家长应该鼓励他认真努力的行为，而不要夸奖他很聪明，让孩子明白成功的原因在于自身的努力，而不是依靠自己的聪明。这样的夸奖很容易让孩子放弃努力，心怀侥幸，寄希望于依靠自身聪明取得成功。同样地，在失败时也会把责任归咎于自己不够聪明，而不是自己不够努力。

## 二、如何做鼓励的家长

### （一）对事情过程的回忆描述

家长在鼓励孩子前，可以对事情的经过进行一下描述，和孩子一起回忆他是如何通过自己的努力克服困难取得成功的。例如，孩子考试取得了优异成绩，家长可以告诉孩子，“我每天看到你放学后很认真地完成作业，然后读书复习，你能取得这样的成绩是因为你学习非常自律和努力”，让孩子对自己的努力有更深的印象。

**（二）询问孩子的内心感受**

在孩子取得成功后，家长可以认真地询问孩子的感受，让孩子通过自己的语言对内心的喜悦进行表达，加深自己的内在感受，通过内心的喜悦获得满足感，对自己的能力更有信心。

**（三）弱化对结果的看重程度**

当孩子面对挑战时，家长可以告诉孩子，结果如何并不重要，努力去争取的过程才最为可贵，这样可以减轻孩子的心理负担，让他在迎接挑战时不必担心是否失败或家长是否会对自己失望，而是可以全力以赴乐观面对。

**（四）减少物质性鼓励**

很多家长喜欢用物质作为鼓励孩子的一种手段，这种物质性奖励往往在实施的开始效果显著，但是时间久了反而会起到反作用，让孩子自身失去努力的积极性和主动性，对物质性鼓励产生依赖心理，在物质需求得不到满足时会产生很大的负面情绪。

父母对孩子的鼓励是伴随孩子成长最好的礼物，每个孩子都希望得到父母的鼓励和他人的认可，一个小小的鼓励有时候会让孩子的一生出现转折。所以，家长不要吝啬于对孩子进行鼓励，用对孩子的鼓励代替对他们的表扬，会让他们获得更好的成长。

## ◎认知：教育中惩戒不可或缺且能被接受

人类自身是存在惰性的，好逸恶劳、追求轻松愉快几乎是人的天性。尽管学习也能给人带来欢乐，但前提必须是学得会、学得懂，并且要付出艰辛的努力。于是，极少数孩子在课堂上喧哗打闹、违反课堂纪律，教师的苦口婆心、谆谆教诲也很难奏效。在教育一时难以奏效时，为维护正常的教学秩序，维护绝大多数学生学习的权利，最大限度地利用有限的精力和时间，必须对这些严重违反课堂纪律的学生采取措施，否则就是失职。

同时，由于高中时期的孩子世界观、人生观、价值观尚未完全建立，对世界懵懂无知，对于道德、纪律、法律的认识还很肤浅，责任感、道德感意识不强，其行为的不确定性很大，对外界的诱惑很难抵御，抽烟、喝酒、说谎、打架等现象时有发生，有些孩子甚至有严重的暴力倾向，说出的话令大人都感到吃惊。对于这些违反道德、纪律甚至法律的行为必须做出反应。对这种需要“特殊关爱”的学生，当然应以教育为主，但教育不是万能的，惩戒作为教育的另一种方式是必不可少的，且惩戒必须具有威慑力。“没有制动器就没有汽车，而没有放手也就不可能有任何意志”，对于意志力薄弱、自制力差的孩子，外部的限制——惩戒，显得尤为必要。

倡导赏识教育的周弘先生讲，对待孩子应该是豆腐嘴、刀子心，要讲原则，原则就是高压线。简单粗暴的打骂不能从根本上解决问题，同赏识一样，惩戒也是一门高深的艺术，无论采取何种惩戒措施，都应以认识错误、改正错误为目的，以惩前毖后、治病救人为原则，都应尊重学生并有益于学生的长远发展，使孩子对法律、道德产生敬畏之心，成为未来社会的合格公民，否则就失去了惩戒的意义。赏识如同汽车的油门，能提供动力，鼓舞学生前进；惩戒如同刹车，警告学生停止，避免车毁人亡、伤人害己。因此，赏识、惩戒二者缺一不可。

惩罚，一定要用孩子能接受的方式。曾经有20个国家和地区的400多名教师、学生参加了联合国教科文组织活动，主持人设计了一个问题：“大杰克和小杰克是孪生兄弟，在学校读书，家长给他们配了一辆轻型汽车作为上学的交通工具。这兄弟俩由于晚上贪玩、好睡懒觉，经常迟到。有一天上午考试，尽管教师事先警告他们不许迟到，但他们因在路上玩耍，还是迟到了30分钟。教师查问原因，他们谎称汽车在路上爆胎，到维修点补胎误了时间。教师暗暗查明了补胎是他们编出来的谎话。假设你是杰克兄弟俩的教师，你将怎样处理？”

200多名教师完成了答卷，主持人从中归纳出25种处理方式。

1.中国式的处理方法。一是当面进行严肃批评并责令写出检讨，二是取消他们评比先进的资格，三是报告家长。

2.美国式的处理方法。对兄弟俩说，假设今天上午不是考试而是吃冰激凌和热狗，你们的车就不会在路上爆胎了。

3.日本式的处理方法。把兄弟俩分开询问，对坦白者给予赞扬奖励，对坚持谎言者严厉处罚。

4.英国式的处理方法。把真相告诉家长和全体学生，请家长对孩子严加监督，让全班孩子讨论并引以为戒。

5.以色列式的处理方法。提出3个问题，让兄弟俩分别在两个地方同时作答。这3个问题是：你们的汽车爆的是哪个胎？你们在哪个维修点补胎？你们付了多少补胎费？

200多名孩子中有91%选择以色列的方式为自己最喜欢的方式。主持人认为，绝大部分孩子喜欢的方式就是惩戒教育的最好方式。以色列的方式为什么受欢迎，因为它带有游戏性质，孩子不难堪。前文案例中以色列的处理方式，体现了好的惩戒教育方式大都是在一定的情景和活动中的特点。一般说来，孩子不喜欢程序化的教育方式，简单的说教和体罚、辱骂都是孩子反感的。针对学生的个性和所犯错误的性质，设计适当的情境，把惩戒融入具体的活动中，让孩子在情景和活动中体验、反思、感悟，往往能收到较好的教育效果。

## ◎方法：做好家庭教育的几种方法

中学生已经基本脱掉小学生的稚气，但又不像成年人那样思想成熟，他们精力充沛、求知欲强、上进心强。同时，由于思想发展未定型，又有很强的可塑性。因此，家庭在对孩子进行教育时，要紧密联系孩子的思想，从意志品德、遵纪守法等方面进行引导式教育。

**一、目标鼓励法**

学习中的目标鼓励，就是根据“水涨船高”的道理，帮助孩子设计学习目标来激发积极性，使孩子不断向更高的知识高峰攀登。大量事实证明，切实可行的学习计划目标可以催人向上。因此，家长要根据孩子思想品质、文化基础、承受能力制定切合实际的学习目标。为孩子制定的目标，既要坚持高标准严要求，又要通过努力可以达到；既要有年度目标，又要有月、周短期目标。在明确整体目标的同时，还要分科目制定逐日完成的小目标，以此实现和突破，不断鼓励，使孩子像上楼梯一样，一步高一步。为使孩子将目标装在胸中，家长可以制作成绩一览表，利用学校和家长联系本将孩子每次考试、测验成绩直观地用曲线反映在坐标上，使孩子、家长一目了然。对完不成指标的科目，家长要及时进行补课，进行补习。

**二、榜样引导法**

很多孩子品学兼优、诚实勤劳、文明礼貌，固然是学校、社会教育的结果，但更重要的是良好的家庭教育成果。家长的表率作用，对孩子健康成长有着强烈的感召力。因此，在家庭教育中，家长也要努力工作、学习，不断提高自身素质，为孩子做出榜样，这样才能够培养出优秀的孩子。

**三、谈心疏导法**

俗话说“知子莫若父”。家长要针对孩子在不同时期、不同原因中暴露出的心理、思想问题，及时进行谈心疏导。在日常生活中家长要做到“三勤”：勤了解孩子在学习中的思想反映，勤观察孩子在学习中的精神状态，勤谈心及时疏导孩子的思想疙瘩。对因阶段性身体素质差、学习跟不上的，要多鼓励、少指责，帮助其“赶队”；对因对学习科目不感兴趣产生厌烦情绪的，要勤敲打、多引导，帮助其增强兴趣；对因考试成绩不理想而泄气的，要心平气和地帮助其分析原因，找准症结，鼓舞士气；对因在校和同学、老师发生口角影响学习劲头的，要耐心开导，热情帮助化解心结。另外，家长在与孩子谈心时，不但要告诉孩子“怎样做”，而且要让孩子明白为什么“这样做”，从道理上说服孩子，在谈心的方式上也应该选择合适场合，这样才能起到更好的效果。

**四、奖惩激励法**

在思想教育的前提下，运用奖励、惩罚手段，也是调动学生积极性的一种有效方法。奖励要以精神奖励为主、物质为辅。对于学习不认真的，要有一定的惩罚措施，使孩子始终都有一种学习压力，切实改变“学好学坏一个样，学多学少一个样”的想法。

**五、生活调节法**

精神饱满是学习好的一个基本条件。家长要讲究科学方法，调节好孩子的生活，尽量在有限的条件下为孩子创造出有益于学习的环境。要根据孩子生理、心理承受能力，科学安排学习，做到有张有弛、劳逸结合，保证孩子以饱满的热情、旺盛的精力投入学习当中。

## ◎方法：孩子顶嘴，家长怎么办

孩子和父母顶嘴怎么办？爱顶嘴的孩子肯定是有个性的，有主见且敢于坚持自己的观点的，所以，家长遇见这样的问题首先不要怕；其次要进行教育引导，寻找孩子顶嘴的原因；最后要注意教育方式，从家长自身做起。

孩子顶嘴一般情况下有这些原因：有主见，敢于坚持自己的观点；养成了不尊重老师、不尊重长辈的习惯；不能接受别人的引导和批评，对长辈的教育带有排斥心理；顶嘴能得到好处，如减少惩罚、推卸责任；家长教育方式不正确等。生病的时候我们都知道不能乱用药，必须做到对症下药，孩子存在问题也是一样，必须找到问题存在的原因，然后再针对不同的情况进行教育。

家长在教育过程中需要注意教育方式，不要轻易责备孩子，很多时候孩子只是说明自己的观点而已。有些家长对孩子的期望值很高，要求很高、孩子一下达不到，家长这个时候采取的往往就是指责，而且是不讲方式、场合地批评孩子。有些批评十分尖锐，却不完全正确，伤了孩子的自尊心，孩子往往注意到的是家长批评不正确的地方，渐渐引起内心的愤恨、埋怨、记仇。

一位家长被问她的孩子顶嘴时怎么办，她的回答是："什么叫顶嘴？大人说错了小孩也要听？小时候我就是想说明自己的观点也会被爸爸骂一通，所以自己当了家长后批评孩子前先弄清缘由，不乱批评。需要批评时，想清楚自己的批评是否正确，即使正确也要注意语气、场合和方式。批评时循循善诱，使他心甘情愿接受。如果孩子遇到困难和挫折，能做到真心帮助解决。这样，孩子还有什么理由与你顶嘴呢？到现在为止，我都不记得孩子曾经有顶嘴的事情发生。"另外一位家长的回答是："顶嘴就坚决镇压，有什么好说的！"

两位家长的处理方式不同，结果自然不同。出于家长的威严，孩子也许不顶嘴，但是内心肯定不服气。对有问题的孩子，可以用启发、引导的方式，不摆家长的架子。只有自尊自爱的人，才会奋发向上，成为有作为的人。孩子有理时，要允许申辩；对顶嘴的孩子，不要谩骂、体罚，而是要发扬民主，鼓励申辩。这样做才能使孩子感觉到无论做什么，只有"有理"才能站稳脚跟，这对发展孩子个性极为有利。孩子有时可能会狡辩，这时你可以正确引导，与孩子充分摆事实、讲道理，这是一种锻炼，可使孩子学会从各种困境和挫折中摆脱出来。

## ◎方法：如何与孩子建立互信

如何才能同你的孩子建立相互信任的关系呢？有人总结出20条秘诀，值得借鉴。

1.向孩子表明随时倾听他的表白，向他保证每天都可以进行轻松的谈话和不会发生对抗。

2.集中精力倾听孩子的讲话。看着他的眼睛，表明你对孩子所讲的感兴趣。

3.努力从字里行间发现孩子真正的忧虑和感觉是什么，以便能够更好地理解孩子。

4.在传递信息和讲话时多用“我”，少用“你”。对孩子不要进行直接批评，因为那样会使孩子采取防御态度。

5.用提问的方式引导孩子讲话。例如，“你认为如何？”“你可以用其他方法解决这个问题吗？”

6.如果非常生气，要等平静下来再同孩子谈话。“我现在很生气，我们20分钟后再谈”，这样说时要客气，避免粗暴。

7.确定符合情况的始终如一的准则。这些准则对于孩子是很重要的，并与家长传授给孩子的价值观念一致。

8.给孩子最大范围的自由。当他表现出责任感时，可给予他更大的自由。

9.选择适合孩子年龄的限制，但是这些限制应能发挥作用。

10.当限制受到考验时不要感到惊讶，平静地实施惩罚，并明确地表明你的期望。

11.生活中应互相尊重，因此彼此要更加信任，不要试图否认对方的权利。

12.强调积极的行为。对孩子付出的努力、做出的贡献和任何合作态度都表示祝贺，让孩子犯的错误减少到最小。

13.让孩子学会生活的逻辑，避免使亲子关系仅仅建立在惩罚的基础上。

14.要有勇气承认自己的不足，承认自己的局限性。同样，你的孩子也会承认他的不足。

15.认真对待孩子，关心孩子感兴趣的事情，如友谊、艺术、音乐、学校活动、书籍和电影等。

16.理解和接受孩子成长的方式。

17.让孩子自己做决定。随着做出决定的难度加大，孩子做决定的能力就会越来越强。

18.给孩子表达意见的机会，父母最好只提供建议和帮助。

19.帮助孩子评估他做出的决定可能带来的后果，父母应承担起相关责任。

20.父母在生活中做出决定的方式是孩子的榜样，并应向孩子解释如何和为什么做出某项决定。

## ◎方法：如何处理好人际关系

人和人之间常发生各种形式的交往，通过交往，相互联系、相互接触、相互影响，并且通过交往构成在心理上相互吸引或相互排斥的相对稳定关系，即人际关系。一提到人际关系，有的人会认为人际关系只存在于成年人当中，而高中生之间的人际关系往往被忽视，其实这是一种失误。

高中生刚刚摆脱了初中生的幼稚，逐步走向成熟，他们的人际观念和人际关系也由幼稚简单走向成熟复杂。作为高中教师如果能有意识地去探讨研究高中生的人际关系，并有针对性地加以指导，对学生日后走上社会将有莫大的帮助。同时，如果能恰当地加以利用，则对建立良好的集体主义班风、培养学生健康向上的人格和正确的情感有着深刻的意义，这也是灵活多样地进行思想教育的一个有效途径。

与初中生相比较，高中生的人际关系有了很大的变化，逐渐向成人化靠拢。

**第一，在交友层面上。**

由一般性的普遍交友演变为个别性的交友，出现了所谓的“挚友”，许多人相知一生的挚友往往都在此时产生并发展了持久的友谊。

**第二，在择友标准上。**

由受功利恩惠和情感影响转变为开始有意识地强调思想认识和追求目标的

一致性，强调志趣相投，要求彼此坦诚相待，以个性、脾气、兴趣、爱好为相互接近的条件，在这一点上，已显示出相当明显的成人倾向。

**第三，在对人际关系的重视方面**。

自尊心逐渐成熟，开始看重自己在集体中的地位和形象；而初中生较重视自己在小团体中的地位，往往忽视在整个班集体的自我形象。

**第四，在男女生关系上**。

转化为友好相处，彼此相互认知，出现融洽的气氛；而初中生对男女生关系较敏感回避，两性距离形式上仍然严格。

另外，在初中阶段，人际关系大多表现为小团体，尤其是女生，小团体中的学生往往服从于团体中的“首领”的意志，存在依赖情感；高中生之间小团体减少，反之个人活动力增强，开始充分表现自己的独立能力。

在校内，高中生接触最多的是自己的同学，其中包括本班和外班同学，对于本班同学来说，学生之间在表面上往往十分融洽。一般来讲，本班同学之间很少发生尖锐的矛盾冲突，他们之间的矛盾往往表现在学业的竞争、集体中地位高低的竞争、消费上的竞争、交际面上的竞争等。由于高中生随着认识能力的提高、情感的稳定、性格的意志力的日趋提高，他们较能克制自己的情感，因而这些竞争都如同一股潜流，暗暗在班集体中涌现。高中生人际关系往往受到这样的竞争因素影响，同时依据自己的爱好、个性等来决定交际程度的深浅，很少看到那些“竞争对手”能结成好朋友的。在班级中，优生和差生的个体分化较大，他们之间没有什么过深的来往，但奇怪的是，他们常能和外班成绩与自己差异较大的同学结成朋友。究其原因，大抵是因为他们之间往来不影响彼此在班集体的地位。因而，高中生与本班同学大多保持若即若离的关系，但经常与外班同学结成好朋友。高中生的交际范围大多在本年级内，很少与比自己年级高的同学来往。除了学生干部之外，对与自己不同年龄段的同学往往只知其名而少交往。其原因，据调查询问，有的学生认为是高年级与自己年龄不同，有一种居高临下的优越感；相反，少和低年级来往也是由于自己年级高，又有自己的优越感。需要注意的是，尽管校内人际关系的形成与年级段差异有关，一些双差生却有可能因受到教师的歧视或同学的排斥而纠合到一起，这时，年级差异就退居次要地位。相对来说，不同年级段的优等生常“各自为政”，独来独往，较少自发组成学习团体。教师和家长应当清楚地认识到这一点，在做思想工作时考虑方式方法，来设法控制双差生的不良人际交往，努力扩大优等生的交际面，以达到分化瓦解差生团体、扩大增强优生影响的目的。

由于社会环境复杂，因而每个高中生都不可避免地身处各种各样的人际关系之中。人际关系的好坏，直接影响到个体的心理健康，影响着学生良好心理和个性的养成。一个人并非孤立的个体存在，人与人之间常处于交往之中，在交往之中认识上互相沟通、情感上互相交流、行为上互相作用、性格上互相影响。高中生正处于性格、品德、心理、个性的发展成熟期，能否拥有良好的人际关系对他们来说十分重要。如果长期生活在人际关系恶劣、充满冲突和冷漠的环境中，就有可能变得言语谨慎、情绪压抑、性格内向，或是与之相反，出现性格暴躁、易生猜忌等不良性格。如果在班集体中有着和谐、融洽的人际关系，那么就会心情舒畅、情绪稳定、自信心强。因而在处理学生的各种问题时，不仅要从他们自身思想入手，还要善于从他们的人际交往中寻找突破口，设法改善他们在班级中的人际关系，关心、帮助他们共同构建平等友爱的班级人际氛围，对于差生的转化将成为一个良好的开端。对于优等生则应鼓励他们扩大自己的交际范围，一方面，可以培养他们的能力，更重要的是可以通过他们交际圈的扩大来潜移默化地引导其他同学；另一方面，还应教育全体学生积极参加各种集体活动，通过活动和同学发展一种正常融洽的交往，建立良好的人际关系，使人在心理上得到安全感，增强自信和力量感，并在交往中获得学习和发展的机会。同时，还要教育学生正确处理人际交往中的冲突，做到心理相容，使高中生科学地认识自己和别人的心理特点，严于律己，尊重社会整体意志和他人需要；宽以待人，以诚恳、公平、宽厚的态度对待别人，理解并容忍他人无关原则的短处。在心理相容之下正常交往，共同建设一个团结互助向上、朝气蓬勃融洽的班集体。

## ◎方法：如何消除孩子的自卑

孩子总会遇到这样或那样的事，从而产生自卑。那么，怎么消除孩子心中自卑的阴影呢，下面介绍几种方法。

### 一、改变形象法

心理自卑的孩子，通常有说话吞吞吐吐、走路畏缩等特点。从说话的音量、走路的姿势入手，便可改变他们的心态。对有自卑心理的孩子，应特别注意教育他们改变自己的形象：穿着整洁大方的服装、讲话爽快、走路昂首阔步等。

**二、语言暗示法**

积极的语言能使人产生积极的情绪，改变消极的心态，因而家长可以有意识地用“你聪明”“你一定行”之类的语言为孩子打气，或是在此基础上让孩子根据自己的实际情况每天上学之前都念上几遍，在语言暗示之后再满怀信心地出门。

**三、预演胜利法**

每当孩子遇到困难、不敢接受挑战时，就要求他先在头脑中想象完成任务时的胜利情景。这种白日梦式的预演胜利法，对帮助孩子战胜恐惧心理、愉快地接受富有挑战性的任务具有立竿见影的效果。

**四、发挥长处法**

“尺有所短，寸有所长”，每个人都有自己的长处和优势，同时，也有自己的短处和劣势。如果用其所短而舍其所长，就连天才也会丧失信心、自暴自弃；相反，一个人若能扬长避短、强化自己的长处，就是有残疾的人也能充满信心，享受成功的快乐。因此，消除孩子的自卑心理，要善于发现他们的长处和优势，并为他们提供发挥长处的机会和条件，这也是帮助孩子克服自卑心理的关键。

**五、储蓄成功法**

自信是成功的保证，自信也是建立在成功的经验之上的。科学研究表明，每一次成功，人的大脑便有一种刻画的痕迹。当人重新忆起往日的成功模式时，又可重新获得成功的喜悦。在消除孩子自卑心理时，为了能让他生活在成功的体验之中，行之有效的方法就是指导他建立成功档案，将每一次哪怕是非常小的成功与进步都记录下来，积少成多，每隔一段时间就拿出来看看，经常重温成功的心情，这样能使他信心百倍地去克服困难。

**六、洗刷阴影法**

失败的阴影是产生自卑的温床。有自卑心理的孩子遇到挫折与失败比一般孩子要多得多，及时洗刷失败的阴影是克服自卑、保持自信的重要手段。洗刷失败阴影的方法很多，较为常见的有两种：一是家长要帮助孩子将失败当作学习的机遇，认真分析失败的原因，从失败中学习和吸取教训，总结经验；二是家长要帮助孩子有意将那些不愉快的、痛苦的事彻底遗忘，或是用成功的经历去抵消失败的阴影。

**七、逆向比较法**

没有比较就没有鉴别，要认识自己就得拿别人来做比较。我们通常不提倡逆向比较，即用自己的长处去比别人的短处，但对于“羡人之长，羞己之短”的孩子来说，采用选择别人的短处作为比较的对象，对于消除自卑心理、达到心理平衡能收到意想不到的效果。

**八、降低追求法**

高尔基曾经说过，一个人追求的目标越高，他的才能就会发展得越快，对社会就越有利益。对于后进的孩子来说，与其空谈立志，还不如让这些孩子适当降低追求，让大的目标分解成若干个小目标，做到一个学期、一个月甚至一个星期都有目标可循。目标变得小而具体就易于实现，这样一来孩子会经常拥有成功感，可以更快地进步。

## ◎方法：青春期的孩子如何与异性交往

风靡中学生群体的少年组合TFBOYS有一首歌叫《宠爱》，歌词这样写道：“小小的年纪还不懂什么是爱，却被你甜甜的笑给打败……我只想给你给你宠爱，这算不算不算爱，我还还还搞不明白，快乐的事想跟你分享难过想给你肩膀，第一次为一个人紧张。”这首歌就涉及一个既棘手又敏感的话题：青春期异性交往。

在中学生的社会化过程中，同伴交往是不可或缺的一课，而在同伴交往中，异性同伴交往对中学生成长具有重要的作用和意义。从社会学的意义上说，异性交往是中学生性别角色社会化的重要途径，也是社会化的重要任务之一。中学阶段是学生确立性别角色的关键期，也是学习社会行为规范的重要时期。

为此，作为父母，需认真思考青春期的异性交往问题。有学者认为，中学生之间的异性交往不应看成“早恋”，而应当成“早练”，即让学生在学校学习阶段就开始练习异性之间的交往，培养学生的责任意识、人际交往能力，有效促进学生的社会化发展。

**一、家长怎么教育孩子**

**（一）要开展爱情教育，培养孩子的责任意识**

责任意识的建立是学生社会化发展的重要任务。调查表明，有69%的中学生认为早恋不是真正意义上的恋爱，这说明许多人将异性交往过程中的友谊、浪漫、喜欢等情感统称为早恋了。由此可以看出，如果站在旁观者的角度，学生大都能较理智地看待异性同学间的感情，而身处其中时就难以判断或把握。这也说明，中学生尽管已有一定的辨别是非能力，但自我控制力较差，常处在感性与理性的矛盾冲突中。有研究表明，当前中学生对性相关问题的态度趋于开放，性行为发生比例趋于升高，性道德意识淡化，责任意识较差。这时他们最需要的是成人帮助沟通与引导。

众所周知，爱情的基本要素有给予、关心、责任心、尊重、了解等。中学生的爱情教育是教他们“求善”的过程，要在爱情教育的过程中，让他们学会“给予”而不是“索取”，学会“关心”而不是“自私自利”，学会“尊重他人”而不是“唯我独尊”。另外，非常重要的一点是要让他们懂得对自己的行为负责。

青春期最常挂在嘴上的一句口头禅是：“只要我喜欢有什么不可以。”青春期最常表现在：“我是我自己，你说左我就要说右！”“你说黑我就要说白！”“你说我错，我就要错！我就要自己错错看！”“年轻的心就是飞扬的心，年轻岁月不要留白，只要我喜欢有什么不可以。”在此种情怀与逻辑推理下，只要相爱，永结同心，海誓山盟，在一起有何不可？殊不知，年轻的心是飞扬的心，同时也是脆弱的心，容易受到伤害，从而影响一生的发展。

父母可以利用各种时机对孩子进行爱情教育，寓教育于无形之中，如可以陪孩子读汪国真的诗歌《不，不要说》。

不，不要说

让我们依然保持沉默

我多么珍惜
这天真的羞涩
你也应该保持那青春的活泼

我们的肩膀
都还稚嫩
扛不起太多的责任

等一等吧
让你的肩膀更厚实些
我也懂得了
什么是成熟的思索

孩子在读完这首诗后，会对爱情有更深刻的思考，这样的教育是润物无声的。当然，爱情教育可以有多种形式，但其目的都是让学生去体悟一个人对爱情的责任，认识到自己当前的主要任务是学习，是自我的成长。

**（二）要发挥教育智慧，实现孩子的自主教育**

青春期孩子的情感是微妙的、矛盾的、纠结的，我们不妨听听刚进入青春期的男孩怎么说的："青春期最大的问题，就是很难懂如何正确与异性交往。不信，你看看。如果你和同龄异性说句话，全班同学准斜着眼珠子死盯着你，脑袋里一定还这么想：'这某某某怎么和某某某说话了，他不会喜欢她吧？'如果这时有人用小眼神幸灾乐祸地看着你，你就更手足无措了，要说的话只好全咽回去。但是，不说也不行。全班同学还是齐刷刷地盯着你：'怎么不说话了？那肯定是喜欢人家！出丑了吧！'几分钟之后，流言蜚语就满天飞了，你也该被唾沫星子淹死了。在我看来，和异性交往就像挖地雷，你敢挖，就得有胆子被炸死。我那可怜的胆子哦！"

可见，父母正确引导男女同学正常交往，对学生心理的成熟和人格的完善都有着不可估量的积极作用。

有这样一个案例："情人节"那天，班上的学习委员意外收到一张卡片，上面写了一行字："希望能跟你做朋友，请你不要拒绝我。"这个活泼可爱的女孩没想到成绩全班倒数的差生会给自己送卡片，于是非常害怕地告诉了妈妈。妈妈看后轻松地说："放心吧！他只是想跟你做朋友，并没有提出非分要求，你也可以趁此机会多帮助他的学习嘛。"得到了妈妈的"准许"后，女孩回了一张卡片，上面写着："我愿意与你交朋友，但你要把学习赶上来。"男孩随即回卡片说："为了你，我要做最出色的男生！"妈妈如此引导，让青春期的孩子学会了正确对待异性交往，发展了一段纯洁的友谊，是一剂美味的"心灵鸡汤"。男孩"为国家、为父母，为老师"都可能没有动力，但为了女孩，他就可能给自己定下目标，可见情感的动力之神奇。在这个案例中，妈妈就充分利用了学生间的这种"异性效应"。

在中学生的异性交往中，爱与被爱，接受或不被接受，种种全新而深刻的体验丰富了对爱情的理解，深化着对人生的思考。这种由自身体验所获得的"知识"，对正处于世界观、人生观形成阶段的中学生来说，无疑是一种很好的自主教育。因此，作为父母，要摒弃说教，远离灌输，艺术智慧地处理，才能真正让学生在异性交往中培养完善的人格品质，更好地促进他们的社会化发展。以下是引导他们的一些方式。

**二、家长要引导孩子在异性交往中应注意的事项**

**（一）要懂得喜欢一个人要等对方长大。**

爱情就像美丽的花朵，只有在合适的季节、合适的土壤，才能健康而美丽地开放。

中学生在面对异性时经常会有一种情怀，即喜欢一个人不知如何表达内心的爱恋。面对此种青涩的情怀或是情窦初开的现象，中学生应该冷静地思考：我真的喜欢他（她）吗？我了解他（她）吗？他（她）了解我吗？他（她）有什么优缺点？我了解我自己吗？我能容忍他（她）的所有缺点吗？我能在学业与交异性朋友之间做妥善的安排吗？等等问题，因为交异性朋友就牵涉"做决定"与"负责任"的问题。什么时候做决定较恰当，什么时候做决定较完美，什么时候交异性朋友较理想，等等，这些都是必须深入去考虑的议题。在身心尚未发展成熟时就交异性朋友不但对自己的成长没有帮助，相对地会影响并阻碍各方面的发展。

更重要的是，此时期无法为自己做的决定负责，必须由父母或他人来承担后果，一时的激情必须以终生的幸福作为赌注。因此，喜欢一个人要等对方长大，也要等自己长大。

**（二）要注意交往方式**

男女生以集体交往的方式最好。课堂上的讨论发言、课后的议论说笑、课外的游戏活动等为大家创造了异性交往的机会，使一些性格内向、不善交际的同学免除了独自面对异性的羞涩和困窘，使一些喜欢交际的同学满足了与人交往的需要，最终每个人都融入浓浓的集体气氛中。在集体中的异性交往，每个人所面对的是一群异性同学，他们各有所长，或幽默健谈，或聪明善良，或乐观大度，或稳重干练……使大家在吸收众人优点的同时开阔了眼界和心胸，避免了只盯住某一位异性而发展“一对一”的恋爱关系。集体交往，家长放心，老师支持。集体交往的形式各种各样，如兴趣小组、科技小组、学习小组等。集体活动也是丰富多彩的，如娱乐、游戏、竞赛、旅行、小发明、小制作等。

**（三）要把握分寸**

男女生交往，要自尊、自爱、自重，应掌握好分寸，既要反对“男女授受不亲”的封建思想，打破两性交往的神秘感，又要注意到男女有别的客观事实。男女同学之间只要是为了共同进步，在学习、思想、生活等方面互相帮助，完全可以堂堂正正地往来和接触。但这种往来和接触毕竟与同性别同学之间相处是有区别的，一定要做到胸怀坦荡、大方得体、把握分寸，不必过分拘谨，也不要过于随便。也就是说要像平时那样去对待与异性的交往，该说的说，该做的做，让感情自然发展，如果矫揉造作、忸怩作态，反而会让人感到不自然。但男女毕竟有别，嬉笑打闹、你推我拉之类的举止以及“哥哥”“妹妹”之类的称呼都要力求避免。有些话题只能在同性之间交谈，有些玩笑不宜在异性面前乱开，这些也需要注意。总之，在与异性的交往中，要努力做到四要：一要举止端庄稳重、大方得体；二要避免流露出过分的热情与接近；三要理智地谢绝异性的爱慕与追求；四要留心并敢于反击异性的挑逗与侵害。

## ◎方法：怎样使孩子养成良好的学习习惯

学习习惯是在学习过程中经过反复练习形成并发展，成为一种个体需要的自动化学习的行为方式。良好的学习习惯，有利于激发学习的积极性和主动性，有利于形成学习策略、提高学习效率；有利于培养自主学习能力；有利于培养创新精神和创造能力，终身受益。

以下介绍一些良好的学习习惯，供家长参考，以便更好地帮助、引导孩子。

**一、主动学习的习惯**

别人不督促能主动学习，一学习就要求自己立刻进入状态，力求高效率地利用每一分钟学习时间。要有意识地集中自己的注意力用于学习，并能坚持始终。

**二、及时完成规定的学习任务的习惯**

要在规定的时间完成规定的学习任务。把每个规定的学习时间分成若干时间段，根据学习内容，为每个时间段规定具体的学习任务，并要求自己必须在一个时间段内完成一个具体的学习任务。这样做，可以减少乃至避免学习时走神或注意力涣散的情况，有效地提高学习效率。还可以在完成每个具体学习任务后产生一种成功的喜悦，使自己愉快地投入下一时间段的学习中去。

**三、各学科全面发展不偏科的习惯**

现代社会迫切需要的是发展全面的复合型人才，所以要求中学生要全面发展，不能偏科，这就要求中学生对自己不喜欢的学科更要努力学习，在学习中不断提高兴趣。对不喜欢的学科或基础比较薄弱的学科可以适当降低标准，根据自己的实际情况，确立经过努力完全可以实现的初期目标、中期目标、远期目标，然后要求自己去完成，这是克服偏科现象的有效方法。

**四、预习的习惯**

课前预习可以提高课上学习效率，有助于培养自学能力。预习时应对要学的内容认真研读，理解并应用预习提示、查阅工具书或有关资料进行学习，对有关问题加以认真思考，对不懂的问题做好标记，以便课上有重点地去听、去学、去练。

**五、认真听课的习惯**

上课时，老师不仅用语言传递信息，还会用动作、表情传递信息，用眼神与学生交流。因此，上课必须盯着老师听、跟着老师想，调动所有感觉器官参与学习。能否调动所有感觉器官学习，是学习效率高低的关键性因素。上课要做到情绪饱满、精力集中，抓住重点、弄清关键，主动参与、思考分析，大胆发言、展示思维。

**六、上课主动回答问题的习惯**

中学生应该成为学习的主人，在课上要认真思考每一个问题。积极回答问题可以促进思考、加深理解、增强记忆、提高心理素质、促进创新意识的勃发，回答问题要主动，起立迅速，声音洪亮，表述清楚。

**七、多思、善问、大胆质疑的习惯**

学习要严肃认真、多思善问。多思就是对知识要点、思路、方法、知识间的联系、与生活实际的联系等认真思考，形成体系。善问不仅要多问自己几个为什么，还要虚心向老师、同学及他人询问，这样才能提高自己。在学习的过程中，还要注意发现问题，研究问题，有所创造，敢于合理质疑已有的结论、说法，在尊重科学的前提下，敢于挑战权威，要做到决不轻易放过任何一个问题。“最愚蠢的问题是不问问题”，应该养成向别人请教的习惯。

**八、上课记笔记的习惯**

在专心听讲的同时，要动笔做简单记录或记号，对重点内容、疑难问题、关键语句进行“圈、点、勾、画”，把一些关键性的词句记下来。有实验表明，上课光听不记，仅能掌握当堂内容的30%；一字不落地记只能掌握50%；而上课时在书上勾画重要内容，在书上记有关要点的关键语句，课下再去整理，则能掌握所学内容的80%。

**九、课后复习的习惯**

课后不要急于做作业，一定要先对每一节课所学内容进行认真的复习，归纳知识要点，找出知识之间的联系，明确新旧知识之间的联系，形成知识结构或提要步骤式知识结构，主动询问，补上没有学好的内容。对不同的学习内容要注意进行交替复习。

**十、按时完成作业的习惯**

按时完成老师布置的作业和自己选做的作业，认真思考，认真书写，一丝不苟，对作业中存在的问题认真寻找解决的办法。作业写完后，要想一下它的主要特征和要点，以收到举一反三的效果。作业错了，要及时改过来。

**十一、阶段复习的习惯**

经过一段时间的学习，要对所学的知识进行总结归纳，形成单元、章节知识结构，在大脑中勾画图式。这是使知识系统化，牢固掌握知识，形成学科能力的重要环节。

**十二、自觉培养创造性思维能力的习惯**

创造性思维能力是人的智力高度发展的表现，是创新能力的内核，是实现未来发展的关键。中学生应该随时注意运用如下步骤培养创造性思维能力。

第一步，界定自己所面临的问题。

第二步，收集相关问题的所有信息。

第三步，打破原有模式，尝试各种新的组合，包括改变方向、改变角度、改变起点、改变顺序、改变数量、改变范围、改变条件、改变环境等。

第四步，调动所有感觉器官参与。

第五步，让大脑放松，让思维掠过尽可能多的领域，以引发灵感。

第六步，检验新成果。

以上六步是解决作业难题的有效方法。

学无止境，同学们在学习过程中要善于总结自己的学习经验，也要善于借鉴他人比较好的学习经验为己所用，聪明的你一定能找出适合自己的一套学习方法，乘风破浪，早日到达胜利的彼岸。在此过程中，家长要帮助引导孩子早日养成良好的学习习惯，助力孩子，帮助孩子。

## ◎提升：培养孩子健全的人格

在当下的教育中，很多家长只重视孩子的成绩和分数，忽略了对孩子人格的培养。蔡元培曾经说过："决定孩子一生的不是学习成绩，而是健全的人格修养。"在将来的社会中，人格修养会成为影响孩子人生方向与发展的重要元素。那么，作为家长，应该如何培养孩子健全的人格呢？

卡尔·威特认为，要使孩子获得全面的发展，并且能形成健全的人格，一定要重视孩子心理素质的培养。良好的心理素质不仅是孩子的社会文化素质、思想素质、道德素质、科学素质的心理基础，还是孩子形成健全人格的前提条件。一个没有良好心理素质和心理不健康的孩子，不可能具备健全的人格。所以，为使孩子拥有高尚和健全的人格，家长们应高度重视孩子心理素质的锻炼。

**一、培养孩子的勇气精神**

勇气是一个人积极进取的动力。无论一个人多么有才华，无论掌握了多少丰富的知识，如果他是一个懦弱的人，如果没有勇气、精神，那么最终只能成为一个无能的人。家长们在对孩子的教育中要把对孩子勇气的开发和培养作为一项重要的内容，努力让孩子形成这样的观念：勇敢和坚忍是受人尊重的，懦弱和胆小是被人瞧不起的。

**二、培养孩子的独立精神**

真正具有独立精神的人对自我意识有一种强烈的需要，他们不借助这样那样的依赖就形成自己的意向、做出自己的决定，自我实现的方向指引着他们履行自己的动机和纪律。家长替孩子做太多的事是对他们积极性的最大的打击，这样会使孩子失去更多实践和锻炼的机会。因此，在对孩子的教育中，家长们要十分注意对孩子独立精神的培养。孩子自己能做的事就让他自己去做，千万别替他去做，否则，孩子的独立意识就无从谈起。

**三、培养孩子的心理承受力**

要想让孩子具备能够勇敢面对挫折的能力，必须从小磨炼他们的心理承受能力。从一个人成长的一般规律看，逆境、挫折的情境更容易磨炼意志。顺境当然可出人才，但逆境更可出人才。在逆境中经过挫折、千锤百炼成长起来的人更具有生存力和竞争力。家长应对孩子采取的做法是：不管有多么痛苦，都要帮助孩子正视现实，勇于面对各种失败与挑战，从小培养孩子勇敢、坚强和自信的心理品质。

**四、培养孩子的健康情绪**

情感的自我控制是一个人必备的基本素质，也是一个人走向成熟的心理要素之一。人要战胜自己是一件不容易的事，而能战胜自己就是对自己控制的成功。家长们可以通过游戏训练孩子的自我控制能力，使孩子正确地认识自己并且对周围的干扰无动于衷，能以一种轻松的心情面对一些不好的事情，而不是一怒而起。

**五、使孩子学会正确取舍**

人都各有所长也各有所短，关键是要清醒地把握住自己的长处。只要你发挥了自己的长处，就会在不同的领域中脱颖而出，而一些你不适合做的事就应该勇敢地放弃。卡尔·威特时常这样对孩子说："能够争取的就应该尽量争取，应该放弃的就果断地放弃，因为这是一种智慧，也是很多人时常面临的难题，是对人生的一种考验。"

**六、重视孩子的精神卫生**

良好的教育能够培养光明的内心世界，能够树立起孩子的信心，并能使孩子成为一个快乐的人，而那些愚蠢和无知的教育只会把孩子引向黑暗的深渊。一个孩子从家长和老师那里如果学会了勤劳善良、自强不息、坚韧不拔、博学博爱、以礼待人、诚实守信、认真做事，那么即便他的学习成绩不好也只是暂时的，即便他毕业时成绩平平将来也可能大有作为。卡尔·威特也常常告诫孩子："一个人心中充满光明，正直地做人，能够帮助别人，尽力行善，为他人着想，那么他就是天使。如果总是想着自己，只干坏事，那么他就是魔鬼。一个人只要心中光明，就能战胜邪恶，就能战胜无恶不作的魔鬼。"

总之，心理健康是孩子幸福人生的基石。培养孩子良好的心理素质，促进孩子形成健全的人格，让孩子拥有健康幸福的人生，这是让孩子实现全面发展的重要途径，也是我们所有父母的责任和义务。

## ◎提升：对孩子进行感恩教育

现在的家庭是长辈多、孩子少，孩子自然而然地成了家庭的中心，大部分长辈认为，为了孩子一切付出都是应该的，是责任，无须回报。所以现在的孩子更多的是学会了抱怨，而不是感恩。

这些情况有其形成的客观因素。在物质生活越来越丰富的时代，家长们只是更多地给予了孩子物质上的需求，而忽略了孩子们精神上的需要。许多家长为了给予孩子更好的物质需求而废寝忘食地工作，他们认为自己很尽责、很辛苦，但那只是做了"一半的教育"，而且家长的物质投入又往往要求孩子学会很多的东西，而这一切并不建立在孩子的兴趣上。所以孩子们更多地觉得是在为大人而活着，他们觉得很累、很辛苦，开始抱怨、开始仇视。如果家长能够以朋友的身份与孩子交流，多一些理解，孩子一定会多一些感谢、少一些抱怨，在快乐中学着去感恩。

近些年，由于受多元文化的影响，中华传统美德也受到不同程度的冲击。其中，对父母的孝心和赡养观念在许多人的心目中已大打折扣，甚至很淡漠，根本原因是对父母感恩意识的缺失。而在校学生感恩意识的缺失，更让许多教师感慨万千，也让许多有识之士感到震惊和忧虑。有媒体报道，四川一位退休老教师捐助了几十名大学生，而他们毕业后，去看望老人的不足一半。

种种迹象表明，当今社会感恩意识的缺失虽是少数人和个别现象，然而其影响却不容低估，其危害必然导致个体品质的自私自利、人情的冷漠和社会道德的滑坡。为此，学校的德育工作渗透感恩教育很有必要。现代社会越来越重视个人价值，崇尚个性张扬，越来越多的孩子只会索取却不会付出，于是，如何使他们知道感恩，做一个有血有肉的人，已成为教育中一个亟待解决的难题。

孝心是感恩教育的先导，一个人如果对父母的养育之恩都不能正视，不知道感恩父母，不情愿赡养父母，还会有什么良知和社会责任感？革命先烈和无数英雄志士用他们的鲜血和生命缔造了伟大的共和国，他们应永远受到后人的感恩和敬仰。作为教师应努力引导学生去体验来自家庭、学校和社会的一切温暖，去感恩来自方方面面的关爱。

家庭教育中父母应注意言传身教。南京大学校园里曾贴出了一封署名为“辛酸父亲”的来信，控诉一些孩子只知向父母索取，甚至为了多要钱物不惜“偷改入学收费通知，虚报学费”。来自张家口的67岁赵老伯在人民大学东门拉小提琴，为在内蒙古读书的女儿筹集学费。老父在街头卖艺3年，21岁的女儿竟毫不知情。赵老伯这种“暗地里的爱”虽然珍贵但不足取，因为孩子不知情，也不会对父母感恩。教，不应该只是教孩子学习文化知识，更要教导孩子如何做人，而孝敬父母就是学做人的第一步。“可怜天下父母心”，但是现在有不少学生不体谅父母。家境好的，有的孩子可能不知道父母的艰辛；家境不好的，有的孩子可能还会在对比中嫌弃父母。对于孩子来说，父母历尽艰辛将自己养大，不可不常怀感恩之情。

在西方感恩节到来之际，南京大学和南京农业大学的学子们发出倡议，希望成立中国大学生自己的感恩节。为了让辛酸父母今后不再辛酸，除了家长的反思和大学生的补救行动外，我们还要进行更深层次的思考。

在平时的言传与身教中，我们只知道奉献，而不知道把自己的劳动与付出呈现给孩子，不知道教育孩子。也许，很多家长已习惯了付出，不希望得到回报与感恩，但这是误解，也会误导孩子，影响孩子的健康成长与发展，这是道德教育中的残缺。要让孩子学会感恩，仅有学校的教育是不够的，需要社会各方面的共同努力，尤其需要家庭教育的配合。家长要教会孩子从孝敬父母开始，逐渐学会感激他人、回报社会。

这个世界上有太多的事情和理由值得我们感恩：父母的养育，师长的教诲，亲人的关爱，朋友的帮助，他人的服务，大自然的慷慨赐予，等等。有人说，一个人最大的不幸，不是得不到别人的“恩”，而是得到了却漠然视之。一个不懂得感恩的人，只会把别人的给予当作理所当然。

也许父母从没有想过对孩子奢求什么，却不能不教育孩子学会感恩，感恩生活中的每一点关心和帮助，感恩社会的每一点给予。懂得感恩，不仅是一种心态，也是一种处世之道，更是做人的境界。

朱自清先生笔下父亲的背影让多少人潸然泪下，对于朱自清来说，这是一个遗憾的回忆，如果把握不住今天，以后纵有再多的深情，也难以弥补父母离去的缺憾。孩子唯有学会感恩，才能以平等的眼光看待每一个生命，尊重每一份平凡普通的劳动，在未来的生活中少一些怨天尤人的抱怨，多一份发自内心的满足与快乐。

感恩阳光给予我们灿烂的光辉，感恩小草赋予我们清新的空气，感恩包罗万象，感恩无处不在。请家长与学校一起努力，让孩子学会感恩，让德育渗透感恩教育，让感恩教育走进生活，让人间情更浓，让社会更和谐。

## ◎提升：对孩子进行生命教育

某市一名初一孩子跳楼自杀，据说是因为挨了老师批评；某市一名高中生因为学习成绩始终上不去，在家中服药自杀……接连发生的青少年自杀事件给全社会敲响了警钟：孩子们为什么要结束自己年轻而宝贵的生命？谁能教会他们懂得生命的重要？

现在的孩子根本就不明白生命的意义，不理解死亡的含义，不知道生命有多宝贵，不懂得珍视生命。他们知道要注意交通安全，也懂得火灾发生时该如何自救，但并不明白自己活着是为了什么，不知道自己死亡会给父母带来怎样的痛苦，会给学校和社会带来怎样的影响。

现在有些孩子往往把“我不想活了”“死的心都有”等挂在嘴边。在激烈的社会竞争中成长起来的孩子压力很大，如果这种压力没有很好的“出口”，得不到及时排解，他们可能会无奈地选择逃避，死亡便成为他们发泄对父母与社会不满的一种方式，这让家长们整天提心吊胆。

老师和家长缺乏对青春期少年生理、心理特点的了解是悲剧的潜在根源，赏识教育、素质教育及挫折教育的疏漏是悲剧的关键。中学阶段的孩子具有特殊的生理和心理特点：生理上有成人感，心理上却是半成人状态；言语行为上常有片面性、绝对性和极端性；价值观虽在形成，但观念幼稚。作为独生子女，他们一直都由家长替他们排除困难，因而抗挫折能力差。遇到一点儿挫折时，他们不会考虑自己的轻率行为会造成什么后果，只看到自己“鼻子尖下”的一点儿事，只考虑自己的感受，极易导致心理冲突的激化。

评价孩子主要看重学习成绩是误区。对家长而言，“分分分，孩子的命根”仍是不变的“真理”。一旦孩子成绩差，家长就会产生“很失败”的沮丧心理。当孩子遭遇到一些突然的变故，如父母离异、考试受挫、遭到批评时，就容易冲动地选择死亡。因此，当孩子出现沮丧或绝望、吃饭睡觉不正常、学习成绩下降、社交退缩、与人中断交往等异常症状时，家长应警觉起来，及时采取措施，对孩子进行引导，帮助他们渡过心理难关。在他们做错事情的时候，家长应多和他们沟通，不要简单地批评、处罚，最好私下和他们谈话，指出他们的错误，并告诉他们如何改正，多鼓励他们向好的方向发展。

生命来自父母，获益于教育。教育欠缺，教育不科学，生命之花就会枯萎。善待生命从善待自己开始，善待自己就是热爱生命、一个人的生命是无价之宝，不仅属于个人，而且关系父母、亲友，损害自己，用宝贵的生命去交换一些在成人看来微小的事（在他们看来很严重，在家长看来没有那么严重）的尊严不值得。孩子年龄小，身体、心理都不成熟，关键是怎样教育他们。

善待生命，把人看作人，承认人有弱点，宽恕他人；关爱弱小，尊重生命，从小处着手，从我做起，从身边做起。爱自己的孩子是天性，爱别人的孩子是一种崇高品质；爱孩子是爱自己的表现，爱孩子必须保护孩子的尊严，为孩子创建彼此相爱的平台。

## ◎提升：对孩子进行耐挫教育

孩子在成长过程中会不断体验两件事：成功和失败。如果家长对孩子的期望值太高，给孩子施加的压力太重，会导致孩子在竞争中失败；而家长经常批评或者责怪孩子，也会使孩子自尊心受到伤害。

当孩子失败的时候，同样重要的事是把事情本身和孩子分开，不要对孩子讲："这次你把事情弄糟了，怎么搞的？"失败仅仅是一个过程，是一个从学习到最终成功的过程。家长应该教育孩子有勇气面对不完善的结果，敢于犯错误，并且从错误中学习经验和教训，而不应该因犯了错误而使自尊心受到伤害，甚至受到摧毁。

孩子在成长过程中不可避免地要碰到数不清的麻烦，经过逆境的打磨，孩子慢慢学会控制自己的情绪，学会坦然面对失败并很自然地把挫折看成挑战。所有这些经验，都会对他以后解决问题、寻找答案、承受失望的能力有巨大的帮助，并使他能始终保持积极的心态，形成坚持、执着的品性。挫折是人生的一部分，是一所培养孩子耐力和韧性的好学校。

告诉孩子挫折、磨难、委屈是人生一笔无形的财富，在挫折、磨难、委屈中才能掌握丰富的技能经验，增长丰富的人生见识，锻炼心理承受能力。在不断地摸爬滚打中，一次比一次坚忍，心也变宽了，挫折和磨难也不算什么了，因而感谢生活给了自己这样一次克服挫折和磨难的机会。受过挫折、磨难的人在以后的人生道路上成功的概率就大得多，年轻吃的苦都是以后成就一番事业的基础和财富，年轻不吃苦，到老吃苦头。

"宝剑锋从磨砺出，梅花香自苦寒来。"任何一种本领的获得都要经历艰苦的磨炼，任何投机取巧或妄图减少奋斗而达到目的的想法都是见识短浅的行为。人生难免有挫折，挫折是人成长的一部分，从这个意义上说，我们应该感谢挫折。

有这样一篇文章——

小马驹刚生下来时，使劲支撑前肢，力图站起来，但很快就倒下了。起来，倒下，又起来，又倒下，一次又一次。这时，母马会走上前，用鼻子对着湿漉漉的马驹喷气。小马驹嗅到母亲的气味更加用力了，两条后腿也支了起来，四条腿弯弯地叉开，然后重重地摔倒。这样反复了几次，小马驹终于站住了，并向妈妈走出几步，接着又摔倒。而母马看到小马驹向它走来时，不是去迎接，却是向后退：小马驹贴近一步，它就后退一步；小马驹倒下了，它又前进一步。有人见母马故意折腾小马驹，不忍心让这么小的生命遭罪，就想过去搀扶一把，养马人却拦住他说："一扶就坏了，这马就成不了好马，一辈子都是熊货！"

还有这样一个故事——

在蛾子的世界里，有一种蛾子叫"帝王蛾"。帝王蛾的幼虫时期是在一个洞口极其狭小的茧中度过的。当它的生命要发生质的飞跃时，这狭小通道对它来讲无疑成了鬼门关，那娇嫩的身躯必须拼尽全力才可以破茧而出，不少幼虫常常在往外冲杀时不幸身亡。有人出于好心，拿来剪刀把茧子的洞口剪大，这样茧中的幼虫不必费多大的力气就可以轻易钻出来。但是，所有靠救助而见到天日的蛾子都不是真正的"帝王蛾"，因为它们飞不起来了。原来，那狭小的茧洞正是帮助帝王蛾幼虫两翼成长的关键所在——穿越的时候，通过用力挤压，血液才能顺利送到蛾翼的组织中去——只有两翼充血，帝王蛾才能振翅飞翔。

摔打、磨难，常常是生命中必须独自体验和经历的过程。逃避这个过程，你就永远成不了千里马、帝王蛾。生活中有人在别人跌倒时总是习惯于伸出搀扶之手，以为这是在帮助别人，其实，不扶，让他自己站起来，往往是最好的搀扶。有些弯路是必须亲自走的，是必须亲自去摸索、感悟与体验的。

美国总统林肯经历了许多常人难以经受的挫折、磨难，但他所成就的事业在美国历史上也几乎是无人企及的，还有诺贝尔、凡·高、贝多芬等人类历史上有作为的大人物，有几个是随随便便就成功的？哪一个没有经历过人生的挫折和磨难？

在孩子成长过程中让他们经历几次失败和挫折未必不是好事，它会无形中锻炼孩子的抗挫能力，是孩子人生中宝贵的财富。所以说，让孩子经历些挫折是必需的，也是成长的必经之路，关键是家长如何引导孩子走出失败、战胜挫折。

## ◎提升：对孩子进行家庭劳动教育

出生农村的孩子，儿时的生活总是脱离不了农活和家务活，那时既迫于家庭生计的需要，又感恩于父母的辛勤劳动——看着他们每天迎着朝阳，踏着露珠，汗流浃背，内心着实疼惜，自己若是偷懒片刻，都会觉得于心不忍、愧疚不安。时光荏苒，岁月变迁，现在的孩子参加家庭劳动的机会愈来愈少。统观社会，这也是一个亟待解决的社会问题。政府部门敏锐地察觉到这一问题，迅速出台了《关于全面加强新时代大中小学劳动教育的意见》，为开展家庭教育劳动提供了全面且明确的指导。学校历来重视劳动教育，除了在学校设立劳动课程外，每次寒暑假都会布置家庭劳动作业和任务清单，积极探索破解家庭劳动教育缺位难题的新方法，拓宽家庭劳动教育的新途径。

**一、家庭劳动教育缺位的困局表现**

家庭是每个人出生后的第一个教育场。在这个场里，劳动教育发挥着重要的启蒙作用，因为它教给孩子如何去掌握基本的生活自理能力。家长经常对孩子说“自己的事情自己做”，可是，随着孩子学业任务的加重，而今更多听到家长说“只管学习和写作业就行了，剩下的我们来”。于是，学生的劳动更多的只剩下智力劳动，体力劳动时间严重缺失。南京师范大学劳动教育课题组于2019年对全国3390位家长调查显示，小学生一二年级周一至周五平均家务劳动时间约17.33分钟、三至六年级约为17.49分钟。可想而知，初中生和学业任务较重的高中生更是少之又少。据说上海某大学录取的新生中有60％以上的人不会挂蚊帐，许多大学生在入学前没有洗过一件衣服，足见家庭劳动教育严重缺位的程度。这也衍生出一系列问题：不愿劳动，勤奋不足；不会劳动，自理不行；不珍惜他人劳动成果，关系不和；很少劳动，体力不强；没有劳动，创造力和实践力不生……真是细思极恐。当然出现这个问题的原因是多方面的，有家长层面，有学校层面，亦有社会层面。如何破解这一困境，在学校和家庭做一些初步的探索实践？

**二、破解困局的根本在转变观念，避免形式化**

《关于全面加强新时代大中小学劳动教育的意见》中强调，家庭要发挥在劳动教育中的基础作用。如何让这一认识深入孩子特别是家长的内心深处，真正明晓家庭劳动对于学生成长的重大意义，这是推进家庭劳动教育落到实处的重要前提。

人类发展的历史充分说明了劳动的重要性。没有劳动就没有一切文明。马克思主义认为，“劳动创造了人本身”。著名教育家陶行知曾说：“在劳力上劳心，是一切发明之母。事事在劳力上劳心，变可得事物之真理。”美好的人生需要在劳动中创造，未来的进步与成功更需要在劳动中取得。天道酬勤是亘古不变的真理，不劳而获是痴人说梦的幻想。新中国成立之初，是在战争废墟上建立的，经济千疮百孔，人民生活水平很低，在党中央的坚强领导下，全国人民勤劳苦干、艰苦奋斗，才赢得今天的幸福生活。

通过召开家长会，进行家庭劳动教育重要性的专项培训，扭转家长的观念，努力纠正家长过分重视孩子智力劳动而忽视体力劳动的错误认识，努力纠正家长宠溺孩子不让孩子劳动的现象，努力纠正家长对劳动进行高低之分的偏颇认识，让每位家长明白：不劳动，何以自立？习近平总书记一直强调，“劳动最光荣，劳动最崇高，劳动最伟大，劳动最美丽”全社会都应该尊敬劳动模范、弘扬劳模精神，让诚实劳动、勤勉工作蔚然成风。生活中很多事例都充分说明家庭劳动教育对于孩子生存、成长和成才的重要意义苏联教育家苏霍姆林斯基曾指出劳动的欢乐是一种巨大的教育力量。

只有每一个学生、家长和老师都充分认识到家庭劳动教育的重要性，家庭劳动教育才会发挥实实在在的效果，否则只能是空喊，劳动作业也徒具形式。

**三、破解困局重在丰富多样的方式，避免狭隘化**

目前家庭劳动教育存在着狭隘化的问题，狭隘化就是把家庭劳动教育窄化为干家务活。解决问题的关键在于，家长要不断创新家庭劳动的形式，让家庭劳动教育丰富多彩、趣味丛生、扎实过程、重在成长。通过我们长久的探索，逐渐摸索出孩子适合参与的家庭劳动清单。

1.每天参与基本的家务活。比如，清洁家庭卫生、整理室内物品、清洗脏衣服、做三餐等。

2.学习修理基本物件。比如，更换电灯，更换家具、门窗和电器的小配件，修理自己的玩具、自行车，观看或参与修汽车等。

3.购买家里生活用品。比如，独立去超市购买油盐酱醋、衣服鞋子等，了解购买注意事项、计算开支承受能力，学会购买物美价廉的物品等。

4.进行较为基础的理财。孩子过春节都会有一笔较为可观的压岁钱收入。让孩子了解基本的理财知识，在父母的指导下将自己的零花钱储存起来或用于理财。

5.学会基本家用电器的使用。比如，洗衣机、微波炉、榨汁机、热水器、燃气灶、吸尘器等，要在保障安全的前提下了解这些家用电器的基本操作流程。

6.学会基本的烹饪知识。了解各种调味品的搭配使用和使用剂量，学习基本的厨具使用方法，了解如何进行食材搭配，学会一道拿手好菜。

7.学习基本的种植养护。了解基础绿植和花卉的分类知识、植物特性，掌握基本的养护知识和方法，定期对家内植物进行养护。

8.初步体验家长职业。在条件允许的情况下，跟随父母去他们的单位，观察并一定程度地参与父母的工作，加深对职业体验的理解。

9.参与社区服务工作。可以进行环保宣传、走进敬老院、帮助残障人员、协管交通、做抗疫志愿等，做一些力所能及的事。

新时代家庭劳动教育发挥着不可替代的基础性作用。家庭劳动教育的深入开展，仍需要家长、学生和老师三方统一认识、协同行动、共同探索、不断完善、持之以恒、常抓不懈。唯有如此，才能有助于培养出自立自强、人格健全、有责任担当的新时代好青年，创造出更加美满和谐的家庭，从而更好地服务于新时代社会主义建设。

## ◎提升：培养孩子的诚信品质

诚实是培养孩子健康人生的基础，大而言之，不诚实直接或间接地有害于国家、民族；小而言之，说谎也足以使孩子的人格破产。林肯有句名言流传很广：你可以在某个时段欺骗所有人，你也可以长时期欺骗一部分人，但你绝对无法在所有时间里欺骗全体人，这就是历史。

诚实正直的品质对孩子身心发展起着重要作用。一些家长认为，面对今天越来越复杂的社会，培养孩子诚实正直的品质就意味着让孩子有什么说什么，对人对事开诚布公，有意见当面提，严于律己，宽以待人，但结果却避免不了使孩子得罪人、吃亏。家长的这种说法固然有一定道理，但需要提醒家长的是孩子在成长过程中的主要养料就是真善美。那么，如何让自己的孩子在这一关键期里心灵尽可能不受外界干扰而接受真善美的雨露滋润，这是每一个家长应尽的社会责任；如何培养孩子诚实正直的品质，是家长们面临的一个重要课题。

**一、教育孩子关心和体贴他人**

让孩子从小就懂得关心和体贴他人，这是培养孩子诚实正直品质的道德情感基础。具体表现在对他人首先要有责任心，关心和体贴他人，还表现为对他人的同情怜悯之心——这是一种善良的道德情感，是救死扶伤、救人于危难、见义勇为、助人为乐的社会主义、人道主义精神。

**二、父母是孩子最好的榜样**

父母要以身作则，做诚实正直的表率。父母的行动对孩子来说是无声的语言、有形的榜样，教育孩子诚实，家长应该首先做到忠诚老实，但在现实生活中，有许多家长都没能表现出诚实正直的品质。成年人的一言一行都是孩子的榜样，大人骗孩子，孩子也学会了欺骗。因此，父母要以自身的优秀品质来影响孩子，使孩子成为一个诚实正直的有高尚品质的人。强调身教，并不是说可以忽视言教，身教与言教密切结合，才能真正收到良好的教育效果。

**三、及时纠正孩子说谎的习惯**

孩子完全不撒谎是不可能的，最重要的是分析孩子说谎的原因。父母要多从自己的教育方式找问题，并及时加以调整和改进。父母也要勇于面对自己在教育孩子过程中出现的问题，要有信心帮助孩子建立起诚实的习惯。

## ◎提升：培养孩子的团队合作精神

团队意识是一种团结一致、互帮互助，为了一个共同的目标奋斗到底的精神。目前，从幼儿到青少年甚至成人都存在着一意孤行、缺乏团队精神的现象，其中一个重要的原因就是缺乏对孩子从小就要进行的团队精神的培养。

团队不同于群体，群体可能只是一群乌合之众，并不具备高度的战斗能力，而团队则要满足自主性、思考性、合作性三个条件才成。那么，怎样培养孩子的团队精神呢？

**一、培养孩子敬业的品质**

几乎所有的团队都要求成员具有敬业的品质。有了敬业精神，才能把团队的事情当成自己的事情，才能有责任心，发挥自己的聪明才智，为实现团队的目标而努力。要记得个人的命运是与所在的团队、集体连在一起的，这就要求孩子有意识地多参与集体活动，并且想方设法认真完成个人承担的任务，养成不论是学习还是干什么事都认真对待的好习惯。

**二、培养孩子宽容与合作的品质**

今天的事业是集体的事业，今天的竞争是集体的竞争，一个人的价值在集体中才能得到体现，所以21世纪的失败将不是败于大脑智慧，而是败于人际的交往上，成功的潜在危机是忽视了与人合作或不会与人合作。实际上，集体中的每个人各有各的长处和缺点，关键是以怎样的态度去看待。能够在平常中发现对方的美而不是挑对方的毛病，培养自己求同存异的素质，这一点对孩子尤其重要，这就需要在日常生活中培养良好的与人相处的心态，并在日常生活中运用。这不仅是培养团队精神的需要，也是获得人生快乐的重要方面。

**三、培养孩子的全局观念**

两个孩子共同承担一个项目，但各有分工。其中一个在完成任务的过程中遇到了技术上的难题，他只是独自冥思苦想乱翻书，却不屑于向坐在旁边的另一个孩子请教一下。另一个此时也不是把他当作共荣共辱的合作伙伴，而是坐在旁边等着看笑话。这是应该吸取的教训。培养团队精神就是要有意识地培养孩子的全局观念。要建设一个优秀团队，就不能只考虑自己的需要而不关注别人的感受，不能借口自己有这样那样的事情而不参与集体组织的活动，否则将会像一盘散沙，优秀团队难以形成，自己也很难从中受益。

现在的孩子多数都是独生子女，在家里都是被照顾的珍宝。特别有一些家庭环境比较好或有家庭问题的孩子，由于种种原因对周围的人缺少信任感，不容易做到宽容待人、团结同学。竞争并不是攀比，更不是抬高自己、轻视别人。在竞争教育过程中必须让孩子们认识到集体中各人有各人的长处和缺点，只有取长补短、团结合作才能取得最好的成绩。慢慢地，孩子学会了接受不同个性的同伴，也更能接受自己不同于别人的特点，更好地发挥自己的想象力和创新能力，对集体也自然而然地产生一种归属感和自豪感。当自己的集体要参与竞争时，就会把尽自己的一份力量当作理所当然的事。让集体更具向心力和凝聚力，让集体中的成员自觉、有效率地合作解决问题、完成工作，这正是团队精神的实质所在。

## ◎提升：培养孩子的时间管理意识

懂得时间管理的孩子更自律，他们自主性强，有较强的自主管理能力。如果孩子对自己的学习和生活的时间有所规划后，在学业上会表现得比较优异，有利于激发孩子对学习的兴趣，形成一个良性循环，即使是学业任务很重时也不会觉得无所适从。特别是他们长大以后，步入社会，这样高效工作的员工比较受企业欢迎。一个会合理安排时间、工作效率高的人，会为自己赢得更好的事业发展机会，还能更好地平衡自己的工作与生活，获得更好的生活品质。

培养孩子的时间管理意识，最简单的方法是列出一个每日待办清单，具体要求包括以下几方面。

**一、列出事件清单**

首先需要陈列出最近所有要做的事情，每天都要在脑海里搞清楚有什么事情需要自己去做。

**二、排出优先顺序**

排序需要从这件事本身的重要程度和时间的缓急程度来判断：又急又重要的排在前面（如当天的作业），然后是缓一点儿的（如改错、复习等），最后是那些不急且不重要的事情。

**三、安排时间段**

事件确定之后就需要我们安排每一件事在一天中的哪个时段完成，谨记安排一天的50%即可，因为所有时间不可能都在学习，如老师、同学突然找你帮个忙，上厕所等，这些是无法预估的，所以应当间隔出一些时间，好让每一件事都有缓和的余地。

**四、确认完成时间**

排好大概的时间段之后，就需要具体确定一件事完成的时间长短了。究竟花多少时间才正确，家长可以先给出一个大概合理的时间，然后让孩子不断地反思这件事的过程，逐渐把时间最小化、效率最大化。

**五、每日检查完成情况**

按时检查完成情况有利于查漏补缺，改进计划中的不足之处，还可以增强自信心、成就感等。

想让孩子养成有规律的生活习惯，可以试着引导孩子根据自己的实际需要制作时间表，可以以天为单位，也可以以星期为单位，或者以月、年为单位。试着让孩子明了自己的小目标、短期目标和长远目标。心中有了目标，对自己想做、要做的事情一目了然，孩子做起事来自然胸有成竹。另外，如果孩子遵照时间表做事，并且完成得很好，家长不要忘记给予一定的表扬。长此以往，孩子会形成自信的性格，养成做事不急不躁的好习惯。

制作规划表，完成规划表，养成时间管理意识，这也是良好学习习惯之一。习惯的养成需要长期的培养，万万不可半途而废。家长要好好配合孩子完成他们的时间规划表，最后达到让孩子独立管理自己时间的目的。

## ◎提升：培养孩子的生涯规划意识

心理规划咨询中，经常会遇到因不了解自己的性格、爱好而不知道如何填报志愿前来咨询的考生。生活中，我们也经常听身边的孩子说着有些雷同的理想："我长大后要当一名医生""我长大后想当科学家""我长大后想当明星""我长大后要做教师"……这些看似是理想但更多的只是孩子们受大人影响喊出来的口号，并不是他们内心真正的企盼，许多孩子并没有自己真正的理想。其实，这对孩子将来的职业选择和生涯发展来说，是一件非常不利的事情。

父母鲜少关注孩子的理想，多关注孩子的分数，觉得孩子有好分数就可以上好大学，上好大学就可以有好工作。但事实并非如此，许多有好分数的孩子上了大学却突然发现自己除了考大学没有别的理想，不知道自己将来想干什么、喜欢什么、适合什么。还有的孩子虽然成绩好，但工作选择并不理想，要么觉得选择的工作不适合自己，要么即便找到了别人羡慕的工作却没有幸福感，还有的人在工作岗位虽然很努力却怎么也干不好。这些问题大多是因为孩子从小没有生涯规划和自我探索意识，因此在未来职业选择的方向上出了错，而在不对路的岗位上怎么能干出成绩呢?

孩子学习的目的到底是什么，不仅仅是考大学，也不单单是一纸文凭，而是今后有一个自己喜欢的、让自己感觉骄傲的工作。要做到这一点，在家庭教育中，建议家长应观察并识别孩子的兴趣优势，适当培养孩子的兴趣爱好，有目的地引导孩子思考感兴趣的话题，要把重点放在激发孩子活力、唤醒想象力、提升创造力上，使孩子的兴趣点凸显出来，并加以重点培养发展。同时也要清楚地认识到，因为成长的因素，他们好奇心很强，人生观、价值观仍没有完全形成，在不断接受新鲜事物的同时一会儿喜欢这个一会儿又对那个兴趣十足，这些都是很正常的，家长不要对此怀疑甚至责怪孩子没有耐性。

具体到小学期间，应注重培养孩子的生涯探索意识，可以经常带孩子去参观企业、接触社会，了解一些行业的特点，积累对各种职业的感性认识；中学期间，则让孩子尽早认识自我、认识职业，进一步提高生涯规划意识，培养兴趣，锻炼能力，鼓励孩子进行职业体验和一些实操练习，认识教育与职业的关系，学会生涯决策，根据自己感兴趣的职业目标从知识、技能和综合素质方面锻炼自己的职业竞争力。

家长要注意一点，在为孩子进行职业规划时，要先听一听孩子的声音，问一问孩子最希望的是什么，可以帮他们分析，但切不可把自己的意见强加给孩子。家长是帮助孩子实现理想的，而不是通过孩子来实现自己的理想。如果给孩子更多的空间成长，孩子的潜能就会被充分开发出来。

总之，如果能够顺应孩子的发展时期，及早为孩子做好生涯规划，引导孩子树立职业意识，对他们的成长发展十分有好处，在选择高考志愿、找工作时就有了明确的目标，孩子就可以最大的可能地从事他们喜爱的职业，享受工作过程中所获得的成功和喜悦。

第二章

# 共谋孩子发展

## ——衡中学业规划的设计

高中三年是学生一生的关键时段。高一，学生要经历从初中到高中的过渡，经历由走读到寄宿的变迁，进入新的校园、新的环境，需要太多的改变和适应，自理能力、交往能力、与人协作的能力需要加强，良好品德的修养、行为习惯的养成也显得越发重要。高二，承上启下的学年，注重对学生进行纪律、诚信和责任教育，从思想、知识、能力、心理上为高三奠基。高三，高中的关键年，学生们要面临有生以来最重要的一次考试——高考，应当强化对学生的生涯教育、成人成才教育、目标教育和耐挫教育。

## 第一节　高中三年学业生涯规划指南

### 一、为什么要规划

教育是社会分层选拔机制的一部分，通过教育资源的不同配置，实现人在不同阶层之间的流动。清华、北大招生时，关注点并不完全是分数，如是否是高考状元、是否某科目出类拔萃、是否有特殊才艺等，总之是要打造自己的核心优势。实现这样的选拔效果，社会总要分层，这种选拔机制也就必然不可动摇。因此，高中生对自己的3年学业进行规划，就是要敢于直面教育现实，在中国教育现状下理性思考，做出个人的最佳选择，从而找到自己通向成功的最佳之路。

#### （一）大学是什么

大学是塑造个人专业素质、行为模式、人文素养、气质特性的地方。我们进入什么特质的大学，往往就会得到什么样的熏陶。每个大学毕业的学生都会有他自己的风格，名校毕业的学生往往表现出迥异的风格，思维和行为模式各不相同。比如，清华大学被称为“工科之王”，学生办事比较严谨；北大出来的学生都有种情怀，气氛比较活泼；复旦毕业生往往体现出深厚的人文底蕴……这是一些名校的风格。

不同大学的环境和资源对个人潜质的发掘也各不相同。进入名校的同学，借助学校的丰厚资源和平台，个人某方面的潜质往往得到充分的发挥。

所以，你能成为什么样的人，在社会中担当什么样的重要角色，往往就在选择大学时已经定性了。选择好的大学，是高中生的核心利益所在。

#### （二）大学学什么

一流的大学，在专业知识和学科的应用方面实力往往出众，学生进入大学的首要使命就是学习专业知识。在一流大学学习，能得到的专业训练是其他大学不可相提并论的。

身处优秀的大学，身边就会有优秀的群体，他们另外的重要的学习对象。

普通大学的这些资源往往是缺乏的。

比如，北大有个不挂牌的院子，中国经济研究中心（CCER）。院子很小，里面都是一些经济学家，研究国家经济动态，但是这些学者、专家也会出来讲课。这就是专业资源，北大学生能学习到而其他大学学生可望而不可即的知识。

**二、如何规划**

高中三年对人生发展至关重要，无论是人格和价值观的培养，还是成功需要的知识素养，都是高中阶段必须培养的。但我们的家长、学生乃至学校的老师，有没有仔细想想学生的高中三年应该怎样度过？学校、家长以及学生自己面对3年的学习道路如何规划呢？人生需要规划，高中更应如此，当我们做规划的时候，总是要明确其指导原则，就是根据什么导向来做这个规划。所以，高中生3年学业生涯规划，主要以高中三年学生成功可能性的最大化为导向。

**（一）时间：动手要早**

作为高中生，每一步都要早思考、早设计、早行动，必须在某个领域出类拔萃。相信大部分高中生并不愿意与上百万的同学一同挤高考独木桥，因此面对高考的现状更应该抓紧时间实施行动。每个人对自己的方向定位不同，都需要花费大量的时间去完成目标，时间为第一要素。如果你是高一学生，你的时间还很充足；你是高二学生，就需要抓紧时间；你是高三学生，时间已经接近尾声，要利用有效的方法进行复习。不论是哪个阶段的学生，都要抓住时间，开始行动。曾经有一名同学，初二获得了信息学的省一等奖，高二进了信息学的国家队，获得了信息学的国家级金牌，这就是当年因弃清华而被香港科技大学以54万港币招收的轰动一时的陈启峰，非常典型地体现了动手要早。他在初二就找准了自己的兴趣，之后就是投入时间、付出努力，最终实现了自己的理想。

**（二）方向：定位要准**

高中阶段，前承人生知识积累和品性的养成，下启学问与就业的层次和水平，更应予以高度重视。有些同学问高二再规划会不会太晚，答案是不会，要尽快找准自己的方向，付出行动。某学奥赛的同学高一获得物理三等奖后，有一天对蔬菜产生了深厚的兴趣，便不假思索地转学生物，高二便获得了生物一等奖。生物和数学、物理课程有所差距，但他经常阅读课本，熟练掌握课本重点知识，经过不懈努力，最终获得了第17届生物奥赛金牌，被保送北大。事例证明，高一升高二的转折阶段只要找准方向，付出行动，最终会获得成功。如果感觉学习竞赛辛苦，那可以尝试对其他学科的钻研，只要方向定位准确，付出才不盲目，才能走向成功的道路。

### （三）态度：持之以恒

你是否听说过“态度决定一切”的说法？在求学过程中，不是所有人都有特殊天分，勤奋刻苦是每一位同学的必经之路，会经过由量变到质变的过程。在此告诫高中生：动手要早，除参加自己学校的培训，也可以参加校外培训；找准方向，学习数学的同时可以触类旁通物理、化学；有效掌握时间，持之以恒、坚持不懈最终会实现自己的梦想。

## 三、高中升学路径

高中生进入理想的大学深造，主要路径基本上是以高考为底色和背景，以奥赛为工具和手段，高考、竞赛、出国、特招是互有交叉的四条高中发展路线。互有交叉而不是互相割裂，路线之间相辅相成，既符合不同路线学科之间知识上的一体化、系统化，又符合名牌大学对高中生各方面素质全面发展的要求。高考学科知识是竞赛学科知识的基础，而竞赛知识和思维有助于解决高考学科的重点、难点问题。竞赛获奖可以获得保送和“强基计划”破格入围资格等，同时在高校综合素质评价及“强基计划”入围后的考核中具有很大优势。高中学业规划要针对不同路线的教育，提出选择不同路线的原则和方法，使迷茫困惑的家长、同学在选择面前能清楚认知。

### （一）高考

高考就好像爬山，清华、北大一些著名院校如果只能通过普通途径不借助其他外在途径，那么没有谁爬得迅速，这就要求我们从艰难道路中找寻一条捷径。捷径就好像高速公路、高架桥，高速路上有很多条车道，车道就是进入知名院校的各种方式，如保送、“强基计划”等。

#### 2. “强基计划”

2020年1月13日，《教育部关于在部分高校开展基础学科招生改革试点工作的意见》印发，决定自2020年起，在部分高校开展基础学科招生改革试点（也称“强基计划”），不再组织开展高校自主招生工作。

“强基计划”主要选拔培养有志于服务国家重大战略需求且综合素质优秀或基础学科拔尖的学生。该计划聚焦高端芯片与软件、智能科技、新材料、先进制造和国家安全等关键领域以及国家人才紧缺的人文社会科学领域，由有关高校结合自身办学特色合理安排招生专业，突出基础学科的支撑引领作用，重点在数学、物理、化学、生物及历史、哲学、古文字学等相关专业招生。“强基计划”建立学科专业的动态调整机制，根据新形势要求和招生情况，适时调整招生专业。

在保证公平公正的前提下，探索建立多维度考核评价考生的招生模式，高校根据有关拔尖创新人才培养需要，制订“强基计划”的招生和培养方案，符合高校报考条件的考生可在高考前申请参加该计划招生。高校依据考生的高考成绩，按在各省（区、市）该计划招生名额的一定倍数确定参加高校考核的考生名单。考生参加统一高考和高校考核后，高校将考生高考成绩、高校综合考核结果及综合素质评价情况等按比例合成考生综合成绩（其中高考成绩所占比例不得低于85%），根据考生填报志愿，按综合成绩由高到低顺序录取。有关高校要认真研究制定高中学生综合素质评价使用办法，并在招生简章中提前向社会公布。

对于极少数在相关学科领域具有突出才能和表现的考生，有关高校可制定破格入围高校考核的条件和破格录取的办法、标准，并提前向社会公布。考生参加统一高考后，由高校组织相关学科领域专家对考生进行严格考核，达到录取标准的，经高校招生工作领导小组审定，报生源所在地省级高校招生委员会核准后予以破格录取。破格录取考生的高考成绩原则上不得低于各省（区、市）本科一批录取最低控制分数线（合并录取批次省份应单独划定相应分数线）。

2020年是“强基计划”的第一年，在经过进一步研究调整后，2021年各高校的“强基计划”招生简章已经公布，根据简章的内容和2020年考核情况，根据入围条件可以总结为以下两种情况。

1.第一类入围条件

考生高考成绩达到所在省份本科一批录取最低控制分数线（合并录取批

次省份以各省份划定分数线为准），且高考成绩达到我校在该省份“强基计划”招生入围标准。

2021年较2020年的不同为，入围比例增至1:6，同时在高考结束后增加了一个参加考试的确认环节。

根据2020年清北入围学生的考核情况来看，笔试环节的内容需要具备一定的奥赛基础。对于学过奥赛的学生来讲，考试相对容易；对于纯高考生来讲，试题有较大难度。而且，面试的内容也有相当一部分侧重学科兴趣、特长等，这些都是奥赛生所具备的优势。

2.第二类入围条件

对于获得数学、物理、化学、生物、信息学全国中学生学科奥林匹克竞赛全国决赛二等奖（含）以上成绩的考生，高考成绩达到所在省份本科一批录取最低控制分数线（合并录取批次省份以各省划定分数线为准）可入围相应省份的“强基计划”考核。

简单来说，就是获得五大学科竞赛金银牌的选手，直接破格入围“强基计划”，而且不占用本省“强基计划”计划招生名额。同时，从2020年开始五大学科竞赛开始一定程度上增加了金银牌的数量。

对比2020年河北省清华、北大最终的录取结果，相当于在高考录取分数上直接降了50分左右；根据2020年清华、北大的录取结果，“强基计划”分别占到了两所学校录取人数的27%和23%。

**（三）奥赛保送**

根据《教育部办公厅关于做好2021年普通高校部分特殊类型招生工作的通知》的相关要求，2021年，中学生学科奥林匹克竞赛国家集训队成员、部分外国语中学推荐优秀学生、公安英烈子女、退役运动员等人员仍具备高校保送资格。高校均可以从上述人员中招收保送生，其中公安英烈子女按有关规定只能保送至公安类院校。

由上述条件可以看到，对于绝大部分学生来讲，要想获得保送资格，五大学科竞赛几乎成了唯一可选的途径。而且，根据近几年国家和高校的相关政策，保送生录取后专业选择的自由度大大提高，国家的培养政策也有很大的倾斜，对于未来的发展也有极大的好处。

## 四、生涯规划量表

1.你想成为怎样的人？可用关键词描述。

想象40岁的自己，会成为一个怎样的人？

______________________________

______________________________

你理想中的生活是怎样的？

______________________________

______________________________

在你的一生中，你想取得哪些成就？

______________________________

______________________________

2.了解自己的职业倾向和大学、专业倾向。

了解职业需要的知识储备、常从哪些大学毕业、必备的技能、工作环境、工作困难、发展前景，该职业必备的个性品质、能力特质、性格特点。建议：①利用“霍兰德职业倾向测验量表”自我测试；②从分析喜欢的学科思考职业倾向；③通过职业考察感受和体验感兴趣的职业；④采访自己想从事的行业领域内的一位成功人士和一位学者、专家或该专业的学长；⑤读两本与该行业有关的书（相关杰出人物传记、行业经典书籍）……

我初步的职业倾向是：

______________________________

______________________________

我理想的大学和专业是：

3.分析当前现实与实现梦想必备的能力、素养的距离。

该职业成功人士的必备素养、性格和特殊能力的需求：

理想大学、理想专业在本省连续3年的录取分数线、分数线的排名：

我目前个人特点分析（优势、有待加强的地方）：

4.我的高中三年规划。

（1）性格、态度必须改进的地方：

①3年内必须达到的目标、水准：

②需要采取的措施：

______________________________________________

（2）我需要加强哪些方面的积累和修炼：

①3年内必须达到的目标、水准：

______________________________________________

______________________________________________

②需要采取的措施：

______________________________________________

______________________________________________

（3）我在学业上的差距：

①3年内必须达到的目标、水准：

______________________________________________

______________________________________________

②需要采取的措施：

______________________________________________

______________________________________________

（4）我还要提升哪些能力：

①3年内必须达到的目标、水准：

______________________________________________

______________________________________________

②需要采取的措施：

______________________________________________

______________________________________________

（5）其他：

①3年内必须达到的目标、水准：

______________________________

______________________________

②需要采取的措施：

______________________________

______________________________

5.“心动不如行动”——我的高一阶段目标。

我高一要实现的目标：

______________________________

______________________________

我需要做出的改变：

______________________________

______________________________

我采取的具体措施：

______________________________

______________________________

“一心向着自己目标前进的人，整个世界都会给他让路。”

写给自己的话：

______________________________________________

______________________________________________

老师寄语：

______________________________________________

______________________________________________

家长寄语：

______________________________________________

______________________________________________

学生姓名________________

______年______月

## 第二节　走好高中第一步

首先，恭喜您的孩子进入了河北衡水中学。高兴之余，我们更应清醒地认识到孩子的成长、成才之路才刚刚起步。俗话说良好的开端是成功的一半，帮助学生养成良好的习惯，走好高中第一步，是我们共同的目标和责任。衡中是学生成长的乐土，是一个激情燃烧的校园，在这个环境中学生学会适应、积极生长、臻于完美，在这个环境里学生斗志昂扬、激情满怀、大步向前，在这个环境里学生认知自我、反思自我、完善自我。但是，衡中同时意味着高手如云、竞争激烈，学生在刚入衡中时会经历一些成长中的困惑。

**一、由于环境改变、学习要求提高，部分学生呈现出以下类型**

**（一）孤独焦虑型**

来到衡中校园，尤其是那些从未住过校的学生，看到的不再是自己熟悉的环境，既感到新鲜好奇又会感到些许紧张不安。面对新老师、新同学时，他们既渴望与人交往又有胆怯和内心封闭的心理状态，表现得焦虑不安、情绪不稳定，于是他们会给父母和以前的同学写信、打电话，严重的还会哭闹着要回家。

**（二）失落自卑型**

不少学生在初中成绩拔尖，当过班委，父母宠爱有加，老师关怀备至，被同学奉为偶像。可升入衡中，面临的是如林高手的激烈竞争，“尖子”可能不“尖”了，班委可能变成了“庶民”，父母也出现了怀疑的语气和眼神。面对这种落差，相当一部分学生因失去自信而产生失落自卑，从此一蹶不振。

**（三）甘于平庸型**

衡中课余生活丰富多彩，由校团委、学生会、班级自行组织的课内外活动人人都有机会参加，展示自己的风采，锻炼自己的能力。可有的学生，尤其是一些来自农村的学生，过去没有过这方面的锻炼，再加上脸皮又薄，只好远远地在一旁自叹不如，甘愿做忠实的观众，甘愿平庸下去，失去了许多发展自我的机会。

（四）熠熠闪光型

衡中的学生自主管理做得很到位，各种竞选如火如荼，如班委会选举、级部学生会选举、校学生会选举，“十佳班长”“十佳体委”评选等。学习成绩优秀又外向的学生积极参与，成绩不会下降，能力还会得到提升。

（五）涛声依旧型

首先，与初中课程的感性为主相比，高中课程以理性为主，难度有所加深。其次，学习的形式也由“手扶式”变为“牵引式”，学生的角色由被动转主动，更强调课前的预习、课内的思考、课后的复习巩固。刚升入高中的新生没有意识到这些变化，仍沿用初中的学习方法，学习上就显得被动，出现很多科目上课听不懂的现象，为此表现出担忧、焦虑，甚至恐慌。

二、针对性措施

（一）学校、老师需要做的

1.帮助学生尽快熟悉环境

新生入校后，及时组织新生参观校园，介绍校史，让学生充分地知校、爱校、荣校。

2.增强团队凝聚力

班主任有计划、有目的地组织各种集体活动，如开展以迎新为主要内容的主题班会、文艺晚会、班歌大赛，进行拔河比赛，开展各种球类比赛，观看上一届学生的“十佳歌手”决赛；学校心理老师还要带领学生做一些增进了解、促进融入的小游戏。这些活动既创造亲切热烈的迎新气氛，又提供更多交往的机会，有利于新生间交流思想、沟通情感，使他们尽快融入新集体，依靠集体的力量，在集体中成长，在团结互助中提高。

3.加强生活指导

要考虑周到、悉心照顾，及时解决新生在生活中碰到的各种实际问题。同时也向他们提出要求，并进行具体的指导、专门的训练，帮助其养成良好的生活习惯，提高生活自理能力。

4.进行学科介绍

简略介绍有关科目的结构、内容、课时安排等情况，使其对该科目的特点、教学要求有一定的了解，让学生真正意识到高中课程的要求与初中不同，学习方法应该进行相应的改进。

5.加强学法指导

“授之以鱼，不如授之以渔”，正确的方法是获取知识的有效途径和手段。通过老师的方法介绍、同学间的经验交流帮助学生寻求适合自身实际的学习方法，提高自学能力，提高学习时效，养成良好的学习习惯。

6.提高教学水平

利用各种先进的教学仪器设备，运用各种教学方法手段，创设新颖有趣、贴近实际的教学情境，激发学生的学习兴趣。建立良好的师生关系，加强师生间情感的交流，找到“教”与“学”的最佳结合点。

7.畅通沟通渠道

及时了解学生的思想动态，帮助他们正视差距，找到原因，正确地认识和评价自己，并以积极的态度面对挫折、战胜挫折，提高心理承受能力和自我调节能力。

**（二）家长需要做的**

利用放假时间或电话联系、书信交流等形式加强亲子沟通。

1.为什么要进行沟通

（1）可以使父母及时了解到孩子的需要和状态，并能及时给予帮助、指导。

父母可以通过倾听、谈心，了解孩子的兴趣爱好等，找出解决问题的最佳途径。

（2）能建立亲密的亲子关系，给孩子安全感和归属感。

有效的沟通使孩子感到自己受到重视，时时感受到父母的理解与关爱；而父母也可以通过沟通了解孩子心理、思想的细致变化，有利于亲子间情感的融洽。

（3）有助于缓解孩子的逆反心理。

当家长以朋友身份接近他们时，他们会敞开心扉、畅所欲言，这样会起到很好的沟通效果。

（4）可消除代沟的负面影响。

有助于两代人的相互谅解、消除敌意，相互取长补短。

（5）使孩子的心理、生理都得到健康的发展。

及时有效的沟通会带给双方愉快的情绪体验，孩子时时处处感到爱的关照，利于其身心的健康发展。

2.如何进行良好的沟通

（1）平等对待孩子，不摆家长架子。

家长要放下架子，诚恳地倾听孩子的意见和感受。不要将孩子仅仅看作孩子，还应将他们看成是有思想、有想法的，已经能独立分析、判断并解决问题，正在逐渐成熟的人。

（2）尊重孩子的自主性、独立性。

家长要信任孩子，学会只当顾问，不替孩子做决定。可以协助他们分析发生的事情，引导孩子想出解决的办法。

（3）在物质、精神上全面关心帮助孩子。

有的父母只关心孩子的身体健康和学习成绩，而与孩子交流少，忽略了孩子的内心想法和感受，使孩子觉得父母并不理解自己。

（4）赏识孩子。

要用赏识的目光发现子女的优点，使孩子在成就的喜悦中不断追求上进。如及时表扬孩子真棒，“这么短时间就适应了衡中生活”。即使他还不是很适应，这时他也会认为自己适应了，而更加努力做好。不能用放大镜去寻找孩子的弱点，更不可处处拿别人子女的长处比较自己子女的短处，这样会导致孩子丧失自信，变得自卑。

（5）父母感情融洽，彼此尊重，给孩子创设良好的家庭环境。

父母感情好，彼此尊重，学生放假回家时，就会生活在温馨的家庭气氛中，得到关心爱护，获得爱和尊重的情感陶冶，从而心情愉快，心理健康发展。

（6）严而有度。

“望子成龙，望女成凤”是情理中的事，但对子女提出过高的要求，通过各种方式施加压力是不可取的，这样只会使学生产生厌学心理。

（7）做好家校沟通。

家长要记下学校以及班主任和科任教师的联系方式，把学生回家后反映的问题及时和老师沟通，尽快解决问题。孩子放假时，要如实填写好家校联系卡，让老师全面了解学生，以便有针对性地搞好教育教学工作。

孩子刚刚进入高中都会有一个心理调适期和环境适应期。根据以往情况来看，绝大部分孩子都会很快适应新环境，完美融入新集体。如果您的孩子出现了适应性问题或者是转型性问题，家长需要做的应该是重视问题，但不要乱了方寸。主动沟通老师、积极反馈各种信息，在老师和同学们的真心帮助下孩子一定会渡过难关。

家校联手，共育英才。让我们携起手来，帮助我们的孩子走好高中第一步，尽快适应高中生活，为高中学习打下坚实的基础，让我们的孩子成长为身心健康、有理想、有担当、有作为的社会主义接班人。

## 第三节 把握高二关键期

如何定位“高二”这一年的地位和意义，用“高一是基础、高二是关键、高三是决战”这句话来形容高中三年还是很有道理的。大学生回首自己的高中生活时，常用这样的语言描述：“上高一时，觉得新鲜，忙着适应；高二没好好学，忙着玩了；高三知道学、想学，又来不及了。”从描述可以看出，高二是高中的关键，也可以说是高中三年中最难把握的一年。

### 一、高二学年在整个高中学习中的地位

高二是承上启下的一年，是学生成绩分化的分水岭，学生的成绩往往形成两极分化：行则扶摇直上，不行则每况愈下。在这一年里学生必须完成两个转变。

#### （一）思维方式的转变

从高一开始，学生的思维开始从以形象思维为主的经验型水平向以抽象思维为主的理论型水平转变。其实学习的过程就是思维的过程，思维上把握两个“度”，也就是思维要有深度和广度。要想使自己的思维有深度和广度，必须在学习中站在一定高度，从学科特点出发，用学科思维学习。到了高二这种转变要初步完成。

#### （二）学习方式的转变

初中的心理和生理特点决定了学习自觉性较差，获取知识主要是从教师那里被动接受。到了高一，这种情况虽然有所改变，但对老师的依赖还是比较重。到了高二，学生的学习自觉性、主动性增强，获取知识一方面仍从老师那里接受，但这种接受也应该有别于以前的被动接受，是在经过自己思考、理解的基础上接受；另一方面通过自学主动获取知识。

在这一年中，学生要养成并坚持良好的学习品质和生活习惯，树立积极的生活态度，这一点将直接影响今后的生活与工作。这一年中部分学生会出现生活散漫、学习松懈、违纪增多的现象，有人把这称为“高二现象”，甚至有

“逢二必乱”的说法，这是我们老师和家长尤其需要注意的。

## 二、高二学习生活中经常出现的问题

### （一）学习上压力与动力不足，两极分化日益明显

高一新生刚入学充满了新鲜感，因兴奋心情会使其具有积极的学习和生活态度，而高三的学生由于面临高考，内动力增强，家长和老师对他们给予更高度的关注。高二阶段似乎热情已经淡去，既没有高一时的雄心壮志，也没有高三面临高考的紧迫感，是一个容易出现动荡和茫然的时期。

经过一年的学习，学生在知识掌握程度上已较明显地分出了层次。对优等生来说，由于之前学得好，他们积极、自信的心理不断得到强化，学习已成为自觉的行为，并不断从中得到成功的心理体验；另一部分学生在一年学习中（尤其是在考试中）屡受挫折，灰心、自卑、害怕等心理在渐渐固化，甚至出现兴趣转移、偏科等倾向；对中下等水平的学生来说，学习目的模糊，学习动机不强，处于一种淡漠的被动状态。更严重的是他们自身有很强的自卑感，情绪不稳定，往往出现各种违纪现象。

### （二）责任意识、纪律意识较差，严重违纪现象增多

高二学生已经熟悉了学校的管理措施，不再像高一那样畏惧纪律处罚，闲话、闲思、闲事增多，违纪现象增多。例如，容易出现学习压力不足导致的上课注意力不集中、走神、打瞌睡等现象，在人际关系中会出现男女生之间非正常交往的现象。这部分学生往往会由于一些感情纠葛而导致心态消极、情绪不稳定、无心学习等问题。个别学生还会出现出入网吧等娱乐场所、吸烟甚至打架等现象。

### （三）孤独感和焦虑感增强，部分学生会出现不同层次的心理健康问题

针对这个问题，我们在高二年级文科六个班中做过相关调查，结果显示：学习方面的心理问题最为严重，38.13%的学生存在学习焦虑，十分关心分数；有敏感倾向的学生占19.11%；存在明显身体症状的为10.16%。男生心理健康好于女生，学习焦虑、人际焦虑、对学习生活抑郁、身体症状、恐怖倾向等方面女生分值均高于男生。

对待这个结果，我们既不要过于紧张，也不可掉以轻心，实际上我们大多数人都存在着一定的心理健康问题，只不过是表现程度不同而已，不同的是我

们的自我控制能力和心理承受能力要优于孩子们。对于他们在学习、生活、交往中存在的问题不能视而不见，也不能任其发展。如果我们只重视孩子的学习成绩，而对他们在学习生活中出现的心理问题不加以引导，势必会影响孩子的学习成绩，影响孩子的身心健康，甚至一生的幸福。

## 三、给家长的一些建议

### （一）帮助孩子明目标、强信心、定计划、提效率、抓落实

高二年级是整个高中新授课任务最大的一年，但学生在这一年中容易散漫、松懈，因此，家长朋友们要在假期里或平时在电话里帮助学生树立明确的目标，假期还可带孩子去名牌大学、科技馆等场所感受一下，给他们讲些名人成功的故事、道理。这个目标要有梯度，帮助孩子树立“金字塔”式的目标，要想在人生40岁时达到他们想要的人生顶峰，心中就要有这样的一个塔尖理想，要让孩子明白：在人生30岁时应该达到什么目标？要达到这个目标，那么在大学毕业时应该达到什么样的目标？要想在大学毕业时达到这个目标，那么在高中毕业时要达到一个什么样的目标？要想在高考时实现这样一个目标，那么在今天高二年级应该做什么？上完高二你的学习水平应该是什么样的高度？

### （二）帮助孩子强化责任、胸怀大志、刻苦学习、自立自强

我们要教育孩子“家庭兴衰，我的责任；天下兴亡，我的责任”。教育他们做人要对自己、对家庭、对社会负责。心中要有家庭和将来的事业，要有国家和社会的责任，要做一个有志向的青年，胸怀大志、刻苦学习、自立自强。要不断从较高的层面上来教育孩子，这样才能让他感觉到自己肩上责任的重大，才能激发他的热情和斗志。孩子有了较强的责任意识，违纪现象就自然减少了。

### （三）加强管理，科学教育，积极沟通

教育是爱，也是管。对孩子一是要严，二是要注意沟通。严在当严处，爱在过程中。让孩子成人、成功、成才是家长的心愿，也是老师的心愿。孩子的进步与社会、家庭、学校是分不开的：在校时，他们的学习主要是老师的责任；在家时，他们的交往、上网内容与时间，看课外书的内容与时间，休闲娱乐的内容，需要家长控制与引导；成长过程中，他们的是非观念、人生观、价值观、审美观、待人处世等内心活动，需要老师、家长共同和他们交流，通过

交流，了解情况，加以指导。

这需要花时间，需要有正确的观念，需要有民主的意识和家庭和谐的氛围。对有缺点的孩子也要有科学的方法和态度，不能急，不能动辄打骂。试想，哪个孩子是一天长大的？哪个孩子没有缺点？我们不是警察，我们应该问一问自己：我们花了多少时间陪孩子交流？花了多少时间和孩子一起活动和成长？花了多少时间去真正帮助孩子解决他们的困难？他们现在想什么？他们有哪些困难？我们该做点儿什么？交流是教育的途径，当你发现孩子有事不和你说时，那你的家庭教育一定是出了问题。我们建议：家长再忙，孩子两周一次的放假时间也要陪孩子；多和老师交流，积极想办法，帮助他们克服当前困难，和孩子一起成长。

**（四）在教育过程中，提高父亲的参与度**

孩子从小到大，我们常常看到这样的现象：接送孩子上学、陪孩子读书、给孩子讲故事、陪孩子锻炼身体、到学校参加家长会的绝大多数是妈妈。其实在家庭教育中父亲的分量很重很重，尤其是高中阶段，当父亲的一定要多参与、多上心、多付出。

**（五）关注孩子的成绩，更要关注孩子的心理健康**

现代家庭必须重视子女的心理健康教育。家长要同子女建立和谐的亲子关系，平等地同孩子交流，及时发现并正确指导孩子在成长期的行为变化。

高中三年是短暂的又是非常关键的，家长朋友们，让我们携起手来，用我们最大的真诚、最大的努力去关爱孩子、帮助孩子，让他们顺利地度过人生非常重要的这一阶段。

# 第四节 冲刺高三决胜年

众所周知，高中三年看高三，高三一年看高考，可以说高三是高中三年中最难把握的一年。高三由于高考的迫近、外界环境的压力，高三学生都想好好学习，考上大学。高三年级的学生在班级的位置大概确定，两极分化的现象可能会非常明显，管理或引导得不好就有可能影响一年的备考甚至高考成绩。

## 一、高三学生特点

### （一）在学习上两极分化日益明显

经过高中两年的学习，学生在知识掌握程度上已较明显地分出层次，即所谓优生和暂时落后生。对优生来说，由于之前学得好，他们积极、自信的心理不断得到强化，学习兴趣上升为乐趣，学习已成为自觉的行为，并不断从中得到成功的心理体验。另一部分学生在前两年学习中（尤其是在考试中）屡受挫折，对学习的灰心、自卑甚至害怕等心理也在渐渐固化，出现兴趣转移、偏科等倾向。对中下等水平的学生来说，学习目的模糊，学习动机不强，处于一种淡漠的被动状态。

对于成绩好的孩子，我们要给予肯定，使他们更加积极上进。对于学习中等水平和较差的孩子，家长首先要有正确的态度，避免过高的期望，要给孩子更多的支持和鼓励，帮助他们分析成绩不理想的原因，肯定他们所拥有的发展潜能，解除不必要的顾虑。

### （二）偏科现象严重

现在高考实行的是“3+1+2”模式，由于性别差异和基础原因，上了高三以后偏科现象非常严重，一般来说男生语文、外语稍差，女生数学、物理稍差。家长要关注孩子是否存在偏科现象，引导孩子正确对待自己的所选科目，认真地对待每一科的学习，才不至于高考时后悔莫及。

特别是一轮复习开始之后，务必让学生把精力放到偏科的学科上，不断地教育孩子最后决定成败的就是你的短板。

### （三）恋爱现象增多

高三是高中阶段恋爱发生率最高时期，其中有生理发展和社会影响的因素，还有其心理原因。高三学生所要承受的来自社会方方面面的压力越来越多，特别是临近高考，他们非常需要理解和关心。然而，由于家庭、学校对他们的关注不够，他们只能从外界获得关爱的感觉，有些学生谈恋爱就是要寻找一种被爱、被重视、被珍惜的感觉。另外，受电视、电影、网络等影响，很多学生把爱情过于美化、理想化，向往浪漫的爱情，因而会模仿成人谈恋爱。

## 二、有效对策

### （一）教师怎么做

**第一，要指导学生自学。**

学生如何自学、如何提高自学质量和效率，要相信学生，放手让学生自学，不要总是担心学生不会自学浪费时间，事事包办，像幼儿园教师一样，手把手地教。这样不仅教师教得累，而且学生学得也累。

**第二，要加强学法指导。**

要帮助学生改进学习方法，结合各科课程特点尽快建立一套适合不同课程学习的方法。要将学生零碎的学习方法系统化，形成有自我特色的学科学习方法，提高学习效率。要把学习方法的指导渗透到课堂教学过程中，即一方面改革教法，着重能力培养，另一方面具体指导学生改进学习方法。学习方法得当，学生学起来轻松，会达到事半功倍的效果。否则，学生越学越吃力，花了大量时间，收效甚微，这样极易挫伤学生的学习积极性和主动性。当然，法无定法，以适合自己为佳，别人再好的学习方法可能并不适合自己，因此学习方法的形式主要是靠学生自己去摸索，但教师利用多年的教学经验总结出来的学习方法对学生进行指导更具有重要意义。

**第三，要监督学生制定学习计划。**

开学初，要督促学生制定本学期学习计划，平时还要经常提醒学生制定短期学习计划，自检落实情况。为了时刻激励学生，使学生学有竞争、学有所赶，教师可让学生结合自己的学习成绩，选定一名竞争对手，营造一种你追我赶的学习氛围。在每一次大型考试后，教师要引导学生正确地归因，找准学习中存在的问题，及时采取补救措施。

学生学习的心理是一个复杂的过程，因人因时而异，作为内因，它直接影响学生的学习动机、学习兴趣等方方面面，对学生学习的影响是巨大而深远的，因此研究学生的心理，对于改进我们的教学来说，其意义也是深远的，它需要我们教育工作者多学习一些心理知识，来指导我们的实践。教师要加强师生之间的交流和沟通，了解学生的心理，知道他们在想什么，才能对症下药，起到立竿见影的效果，不然，有如隔靴搔痒，于事无益。

### （二）家长怎么做

**第一，关注孩子的学习状态、学习情绪，正确对待成绩变化，始终做孩子的坚强后盾。**

家长要细心观察，孩子的学习状态、学习情绪没有反常的状况，每天都愉快地学习就可以了；一旦出现反常，家长一定要重视，和孩子谈谈或者找老师交流。

高三考试非常频繁，家长应正确对待孩子的成绩及其变化。任何好或者不好的成绩都不是一朝一夕形成的，对自己孩子的成绩家长要心中有数，给孩子一个合适的定位，做到始终关注与鼓励。比如，家长需要了解：您的孩子所有学科中学得最好的是哪一科？最爱学的又是哪一科？

当孩子遇到挫折或考试失败，家长不要一味责备；当孩子做错了事，不要立刻责问他："你为什么这样？"妄图用高压的方法促使孩子反省，但是孩子在反省之前已经先产生了反感及反抗的心理，所以无论你多大声地责骂他也不会有作用，相反这样容易伤害孩子的自尊心，容易产生逆反心理，助长了自卑感和自我否定情绪。如果这样不愉快的情绪反复产生，孩子将预感失败，而不敢尝试，缩手缩脚，消极的自我评价会顽固地保存于潜意识中，产生持久的影响力。对失败进行鼓励，是对孩子表示关切之情，帮助他建立正确的态度和再次尝试进步的信心，只有这样，孩子积累了大量的成功和失败后成功的经验，才能真正建立起自信心。

中国人视谦虚为美德，在教育孩子上也加以体现。当着别人的面，即使孩子很优秀，也会找出许多不行来。成绩好了，还要告诫不要骄傲。现代教育观提倡赏识教育，对孩子多鼓励，及时予以肯定和恰当的帮助，当孩子有进步的时候，家长肯定他的进步就是肯定他的自信心，又可提出进一步的要求。

**第二，关注孩子的交往，加强对中学生进行人际关系问题的辅导。**

家长不要限制孩子的交往，要鼓励孩子的交往。一方面，中学生的身心特点决定了他们迫切需要交往，需要与人分享。他们不再满足于老师和父母的教导，而是转向同伴和社会。他们对未知的世界充满了好奇，他们的交往对象主要是同龄人，同龄人之间相互影响的程度往往超过其他人。另一方面，一个交往能力强的人能够较好地处理各种纷繁复杂的关系，得心应手地应付各种场面，善于调节自己在群体中的地位，善于从环境中汲取有益的信息来促进自己的学习。

与孩子交流人际交往的感受和技巧。他们的自主性虽然逐渐增强，但是还不够成熟，还没有学会忍让，易冲动，在交往中常会发生一些矛盾，而且由此引起的不良情绪持续时间长，甚至会对一生的交往产生影响。家长有必要指导孩子学会了解他人、体谅他人，正确处理人际关系中的矛盾冲突及由此所引起的不良情绪。家长可以把自己与人交往的经验技巧告诉孩子，比如，要有一颗与人为善的心，要有友好相处的愿望；在交谈中要学会倾听别人的心声，要用眼睛注视别人的表情，仔细把握说话人的一切语言和非言语动作；真心关注别人才能得到别人的关注，要用真诚的心关心人、帮助人，这样才能获得真诚的友谊；妥善处理异性交往中的“早恋”问题；等等。

**第三，家长自身可以做什么。**

塑造和谐宽松的家庭氛围，让孩子有疏通的渠道，促进孩子形成健康的心理；创造良好的学习环境，使孩子能专心致志学习；组织积极健康的家庭生活，使学生的剩余精力得到消耗。有了好的外部环境，还要关注孩子的内在需求。

**首先，要相信自己的孩子、尊重孩子。**

尊重孩子，就要尽可能少地在外人面前数落孩子的不是，保护孩子的自尊心，给孩子留面子、留机会；及时、尽可能多地和孩子沟通，多鼓励孩子，帮助孩子树立自信心，改正错误；对孩子的教育要心平气和、讲究方法，要疏导而不是强制、打骂。

**其次，要真正平等地与孩子交流，学会倾听孩子的心声。**

许多家长能做到无微不至地照顾孩子，却做不到尊重孩子，做不到允许孩子发表不同的意见。其实凡事听听孩子的想法，只有好处，没有坏处。在家庭中，要创造一种孩子能充分吐露心声的气氛，孩子的话家长都要耐心倾听（尤其是孩子对学校、对同学、对老师的一些看法或者仅仅是牢骚，家长一定要耐心听，限制他的结果是他开始沉默，你不再了解他，但是他那些你认为不对的想法仍然存在，甚至更极端）。倾听之后，分析孩子的愿望、要求，引导、鼓励其积极的成分，对于孩子一些不妥当的想法，则应采取摆事实、讲道理的方法，引导孩子提高认识，孩子仍然不明白的，允许孩子存疑，等待时机再进行引导。

父母要了解孩子的心理，承认他的存在和力量，帮助他完成一些他要做但能力还不够的事，对他所进行的有危险的活动要及时好言劝阻。在说服时举一些事例，使孩子认识到，自己需要父母的帮助进而听父母的话。孩子不高兴了、情绪低落了，要给他发牢骚发泄的机会，聆听他。父母是孩子最亲的人，始终应该站在孩子的背后无条件地支持孩子。每一个孩子都需要家长的支持，每一个孩子都希望父母以自己为傲，每一个孩子都希望感受父母殷切的希望，任何有损于他们自尊心的言行都可能对他们构成致命的打击。别说你们现在已经没有办法交流了，别埋怨孩子已经疏远你、对你封闭，先从自己做起，把他当成大人，只要你想改变，交流的机会总是有的，或许是一张字条，或许是一个家庭大事的决定，也或许就是今天回去和他谈谈开会的感想，行动起来吧。

**最后，组织积极健康的家庭生活，使孩子的剩余精力得到消耗。**

孩子的精力充沛，又厌烦枯燥无味的机械重复的生活，我们学校和家长要一起想办法，组织丰富多彩的各种活动来吸引他们，既要让他们在业余生活中得到各方面能力的锻炼，更好地促进学习，又让他们多余的精力得到消耗不因无聊而惹是生非。

第三章

# 提升孩子素养

## ——衡中特色活动的参与

用终身受益且难忘的教育培养和谐的人是我校的办学理念之一。我们在坚持“抓细节、重过程、强体验”的德育原则基础上，提出了“无体育不衡中，无活动不衡中，无歌声不衡中”，每年开展丰富多彩的活动70余项，把活动作为德育的重要载体。用活动点燃激情，用活动启迪智慧；用活动凝聚力量，用活动陶冶情操；用活动净化心灵，用活动提升素质。在活动中努力把成长舞台、体验过程、发展空间还给学生。目前，80华里远足活动、成人礼活动、“十大杰出学星”评选活动、“十大道德模范”评选活动、四个“十佳”评选活动等已经成为我校独具特色的德育活动。

## 第一节　军　训

军训是高一新生进入衡中的第一课，也是入学教育的重要内容之一，时间一般在10天左右。所有参训学生统一着装，一色的迷彩服、迷彩帽、迷彩鞋，场面非常壮观。走进衡中的军事训练场，仿佛走进了真正的军营。

衡中的军训是一个系列活动，学校严格按要求做，军训前向衡水市武装部、教育局报告申请，获得批准后，聘请武警官兵担任军训教官，每班一名。整个军训包括开营仪式、军姿训练、正步训练、队列训练、内务训练、射击训练、闭营仪式、实弹射击（俗称打靶）、国防教育等，军姿、正步、队列、内务、射击一般交替进行，每项训练大概用两到三天的时间，其间严格按军人的标准来要求学生。

队列、铺床叠被子还好说，这对大部分学生来说不是新鲜事，但军姿、正步、射击就不那么容易了，他们以前几乎从未接触过。火辣辣的太阳底下，军姿一站就是一小时，拼的是毅力。挺胸、收腹、抬头、目视前方，做着标准的动作，汗水顺着脸颊流下来，没有一个学生擦一下。头晕了，休息一会儿又马上投入训练。正步走时要求脚（左右脚分别练）向正前方踢出约75厘米，腿要绷直，脚尖下压，脚掌与地面平行，离地面约25厘米，适当用力使全脚掌着地，同时身体重心前移，还要掌握手指、手臂、肘部、小臂、手心、手腕的位置及动作要领。除了这些，还要训练正步的一步一动、一步两动、正步行进与立定的连贯等。有时为了一个标准的动作，要练习多次、纠正多次，直至腿发抖、发酸。正步训练是最苦、最考验毅力的。队列训练的第一课时是齐步行进与立定，第二课时是跑步行进与立定，第三课时是齐步与正步行进的连贯动作。每个动作都是先分解后连贯，先慢后快，循序渐进。关于内务整理，先是进行理论讲解，再到宿舍练习。叠被子、铺床单、放枕头不是难事，要把被子叠成有棱有角的“豆腐块”就不那么容易了，孩子们一遍一遍地叠好、摊开、再叠好，终于叠得有模有样了。射击训练是严肃的，具有专业性，首先要让孩子们认识枪支的结构，对枪有清楚的了解后，再教给他们如何装卸子弹，紧接着训练举枪瞄准、击发与瞄准、识靶报靶、验枪，一切就绪才能实弹射击。孩子们既好奇又兴奋，每一个动作都小心翼翼，生怕漏了一点儿，学会一个动作就欢呼雀跃，特有成就感。

孩子们从欢声笑语到叫苦连天、从娇生惯养到学会坚强，军训让他们经历了破茧成蝶的蜕变，他们身上的“骄、娇”都跑得没有了踪影，从未摸过真枪的他们从新奇惊喜渐渐变得沉着冷静，一旦瞄准目标，便会毫不犹豫地射击。孩子们说“衡中的军训不一般，尤其是打靶，长这么大还真是第一次，可能也是这辈子唯一的一次，这是一辈子也抹不去的记忆”。

可以说，这10天是对孩子们身体的考验，也是对其意志的磨炼，更是一种精神的升华乃至思考的深入。军训中他们第一次用过程的艰辛与结果的美丽来讴歌生命的伟大，第一次深切感受到成功需要付出艰辛和努力，第一次感受到了学校的良苦用心、教官的严中带爱、老师的无私奉献，第一次感受到对自己、对父母、对他人、对社会、对国家的责任……瞬间他们长大了，他们获得了一系列享用终身的宝贵品质——坚强勇敢，奋勇争先，永不服输，团结互助，勇担责任……

## 第二节 “拥抱青春，珍爱生命”主题教育月活动

为进一步增强学生的自律守纪意识、安全防范能力和爱国荣校情感、珍爱生命意识，我校开学后在全校范围内开展爱国荣校教育、校园安全教育、文明礼仪教育、心理健康教育四项行动，切实做好学生思想教育、心理辅导和资助帮扶等，营造良好育人氛围，共建文明和谐校园。

**第一周：开展爱国荣校教育活动**

组织开展“爱国于心，荣校于行”活动，围绕《新时代爱国主义教育实施纲要》的学习宣传贯彻落实，将疫情防控与爱国主义教育、社会责任教育深度融合，强化学生担当意识，激发学生爱党爱国爱社会主义的巨大热情；开展爱校荣校教育，引导学生通过学习党史，重温衡中发展史，感悟校史底蕴，传承衡中精神，积极营造“知史爱国、知史爱校”的新风尚。

**第二周：开展校园安全教育活动**

组织学生系统学习有关安全知识，使学生了解生命之可贵，珍惜生命，注意安全，掌握一些安全知识，形成自护、自救的意识，使学生安全、健康成长。

1.日常行为安全

不携带刀具、火种或其他危险品进入校园；严禁滋事、打架；不在楼梯、走廊上追逐打闹、推撞；上下楼梯靠右行，不拥挤、不抢行；严禁攀爬围墙、栏杆。

2.体育课、实验课安全

上体育课要有防范意识，不随意投掷器材；上实验课要严格操作程序，按规范操作，不随意动用器材和药品，不携带任何化学药品出实验室。

3.集体活动安全

参加班级、年级、学校组织的户外活动，要严格遵守活动纪律，听从老师指挥，身体有不舒服的要及时告知老师或身边的同学等。各年级切实做好动

员、督查，保证校园安全工作落地实施。

**第三周：开展文明礼仪教育活动**

全面贯彻落实《关于进一步加强和改进未成年人思想道德建设的若干意见》《中学生守则》《中学生日常行为规范》，继续开展“六文明”教育。

1.文明校园

爱校如家，自觉维护校园环境；不乱丢废弃物，见到垃圾立即捡拾。

2.文明宿舍

认真打扫宿舍卫生，杜绝样被；保持午晚休纪律，不提前起床，“宿舍文化”格调高雅。

3.文明教室

认真打扫教室、楼道、考场卫生，保持自己周边卫生干净；按时上课，不迟到，不早退。

4.文明就餐

杜绝跑步就餐；自觉排队，不插队、不拥挤、不提前占座；爱惜粮食，节约用水；就餐后收拾好餐桌。

5.文明集会

参加大会要准时，不迟到、不无故缺席，按指定位置就座；遵守会场纪律，认真做好会议记录。

6.文明学生

时刻注意礼貌用语，将“您好”“请”“谢谢”“再见”“对不起”挂在嘴边，每周四中午针对好人好事进行广播通报表扬，各年级也要通过班主任会、班会、板报、升旗活动抓好落实。

**第四周：开展心理健康教育活动**

以“星海漫漫，生命如歌”为主题，组织开展心理正能量征文活动和校园宣传电子海报征集活动，引导学生树立正确世界观、人生观、价值观，积聚心理正能量；做好学习生活中的心理调适和学生日常心理防护，常态化开展重点学生谈心谈话工作，坚持教育引导和预警干预相结合，培育学生安全防范意识和积极心理品质，坚守安全稳定底线。

## 第三节 “十大杰出学星”评选

学生的成长离不开榜样的引领，与其禁止他们追逐那些歌星、影星，不如引导他们去追“学星”。学生身边真实生动的教育资源，会让他们感觉更自然，更具亲和力，往往有更强的说服力和感召力。因此，衡中每年都在全体学生中开展“学星”“优秀学星”“十大杰出学星”评选活动。

每年3月，由学校制订出“十大杰出学星评选”活动方案，然后利用橱窗、广播、班会、社团活动等多种途径进行广泛宣传，发动学生。由学生个人申报、班主任推荐、年级部综合量化排比确定出参加学星竞选的候选人，并对他们的事迹进行公开展示。评选的过程也很复杂，要经过初选、复赛、决赛等好几道程序，最后还要进行竞选演讲，由全校学生代表投票，之后才产生“十大杰出学星”。整个过程历时3个月左右。为调动学生参与“学星”评选活动的积极性，更多地为优秀学生搭建展示品格与才华的平台，学校还多层面树立典型，扩大榜样影响力。对“学星”评选实行分级评选，即年级组织“学星”评选和“十大杰出学星”候选人的评选与推荐，学校组织“十大杰出学星”的评选。

“十大杰出学星”评选的目的是弘扬正气，表彰先进，激发学生积极向上、追星学模、争先创优的热情，从而使学生成为修身立德、刻苦学习、成人成才、报效祖国的先行者。评选的重点在于过程，在于学生的事迹展示，在于弘扬正气，在于激励先进。整个评选过程始终坚持“公正、公平、公开”的原则，力求每个环节都凸显出学生的参与。

虽然评选时间长达3个月，但学校从不认为这是浪费时间，而是有意识地创设了这样一个自我展示、自主教育的舞台，创设了一个互相比较、互相赏识、互相学习、互相效仿、你追我赶的舞台。所有参加竞选的学生都会重新审视自己，认真地反思自己，并努力提高自己。在这里，只有学习成绩单方面突出的学生不会受到其他学生的特殊关注，只有那些充满激情、勇于锻炼自己、提高自己、积极参与各种社团活动并展示出自己多方面才能的学生才是大家认可的“学星”，才是学生心目中的“优秀学星”“十大杰出学星”。也就是说，“学星”不是简单的学习之星，而是全面发展的学生“明星”，这是衡中“学星”的成长体验，也是衡中学生的共识。

就读于清华大学的衡中2015届毕业生任璐就是由一位“追星族”变成校园“学星”的典型代表。入学时看到橱窗里上一届“十大杰出学星”的介绍，让这个高一女生特别羡慕，她很想知道成为“学星”是什么滋味。经过一年的不懈努力，任璐终于也站到了“十大杰出学星”的演讲台上。那一刻，她想到了冰心的一句诗：“成功的花，人们只惊羡她现时的明艳！然而当初她的芽儿，浸透了奋斗的泪泉，洒遍了牺牲的血雨。”台下如潮的掌声让任璐的眼睛湿润了，她说：“这是我一生都难以忘怀的情景。”

每个学生都可以通过努力成为明星，得到全校学生的掌声和仰慕，这无疑会极大地激发学生的信心。这份成功体验，会伴随他们终生，引领他们走向更大的成功！

## 第四节　四个“十佳”评选

四个“十佳”指“十佳班长”“十佳体育委员”“十佳卫生委员”“十佳宿舍长”，每学年评选一届。从2005年开始，一年比一年举办得隆重，一年比一年考虑得细致、周全，一年比一年影响大。

四个“十佳”的入选“门槛”很高，分别有严格的评选标准和参选资格，又各有侧重，比如，“十佳班长”侧重在“大局观念、集体观念，在同学中有威信、有感召力”；“十佳宿舍长”侧重要求品德高尚、人格健全、热爱班级，有强烈的集体荣誉感，团结宿舍成员，有向心力，宿舍管理成绩优秀；“十佳卫生委员”强调有强烈的环保意识，在“弯弯腰，伸伸手”活动中做出了突出成绩，得到了师生的好评，对卫生工作认真负责、精细管理、效果明显；“十佳体育委员”评选强调班级“三操”（早操、课间操、眼保健操）抓得紧、抓得实、效果好，本班级在年级会操比赛中成绩突出，三操在年级综合量化评比中成绩列前。

“十佳班长”评选在四个“十佳”的评选中最为隆重，这里简单做一下介绍。“十佳班长”评选共分五个阶段。

第一阶段是宣传发动，确定年级候选人。各班长自愿报名，在全年级大会上经过竞选产生候选人。这时，各个班级的学生会自发选出本班班长的宣讲团，为自己的班长代言，整个班的学生团结在一起，拧成一股绳，想出许多奇思妙招，设计花样层出不穷，把班长的实力与优势最好地展现在大家面前，就连平时最不起眼、最不善言辞的同学也不由自主地参与进来，献计献策，简直就是全民总动员。

第二阶段是年级“十佳班长”候选人事迹宣传展示。年级部利用橱窗、板报、广播等形式进行事迹宣传，年级学生会充分发挥作用，为本年级的班长们擂动战鼓，摇旗呐喊。

第三阶段是“十佳班长”年级候选人评选表决，在这个阶段产生“十佳班长”候选人。

第四阶段是校级“十佳班长”候选人事迹展示。同学们驻足在宣传牌前，不由自主地在心中“挂上”了一面镜子，照一次对比一次，内心就震撼一次，不由得在心里对自己说：“我有他好吗？我要加油啦！”

最后是“十佳班长”竞选，这是最隆重、最有震撼力的阶段，经过层层筛选，产生的14名候选人参加“十佳班长”的角逐。届时，教育处、年级部及校学生会联合组织竞选大会，让同学亲临现场感受“班长们”工作的热情、学习的激情和甘于奉献、主动承担责任的精神。选手们在台上大展身手，台下的亲友团则用震天的口号、真挚的歌声，亲手制作的横幅、旗帜为自己的班长加油助威，整个会场呈现出一派积极向上、和谐团结的良好氛围，所有同学都经历了一次感情的徜徉、心灵的洗涤。

评选活动把学生身边默默无闻、甘于奉献的同学从幕后推向前台，他们充满激情和热情，持之以恒地为同学、为班级奉献着责任心和爱心，在同学们心中树起了榜样。选手们的事迹影响、带动着同学们，积极向上的氛围洋溢于整个校园。

参与的过程中，选手也在自我提高、自我升华中得到了培养和锻炼，他们的写作能力、表达能力、演讲水平和演讲技巧得到了提高，锻炼了演讲的胆量，提高了自身素养，把满腔的感情和责任融入了演讲之中，与台下所有同学一起经历了一次感情的共鸣，得到了精神的升华。

就这样，四个“十佳”评选给学生铺建了一个平台——一个引领的平台，一个奉献的平台，一个荣誉的平台，一个责任的平台，大家在这个平台上健康地成长着。

## 第五节　“每周之星”评选

在衡水中学启动的“每周之星”评选活动中，这些“每周之星”是自我发展的“启明星”，更是学生心中的“北斗星”。“每周之星”是通过个人申报，学生、班级发现推荐，年级部筛选，教育处审核评定等严格、公正的程序最终评选出来的。每周评选出来的“每周之星”要在《教育通讯》、校园广播、学校网站上宣传，同时，制作展牌在校园和教学楼内展出。

“每周之星”活动评选，一个重要的目的是充分挖掘每一名同学的闪光点，调动他们积极向上、强力争先的潜力，让每一个学生的闪光点得以发扬，给了学生一个更多展示的舞台和更广阔、更个性的成长空间，让学生既获得个性张扬、个性展示的充足机会，又懂得相互欣赏。在衡中，无论你是谁，只要有闪光点，只要在某方面做得出色，只要有别人不具备的优势，哪怕再默默无闻再一般的同学，都有机会当选为“每周之星”。可以这样说，“每周之星”评选是一个“平民”活动，也是一个学校大力支持的“官方”行动。翻看“每周之星”的事迹你会发现，他们中的许多人做的都是平凡的小事，但这些平凡的小事却折射出他们不平凡的品质。

此项活动自开展以来，涌现出了一大批“每周之星”——“希望之星”“奋斗之星”“纪律之星”“奉献之星”“惜时之星”“诚信之星”“尊师之星”“环保之星”“责任之星”“友爱之星”……“每周之星”的评选，不仅使不同潜能的学生个性得到了张扬，而且学生自主申报的过程也是一个自我反思的过程，学生由此学会了自我评价，提高了自我认识的能力。

## 第六节　难忘的“80华里远足”活动

从1997年开始，每年4月中旬，学校都要组织学生远足，即徒步行军80华里。远足已经成为最受学生欢迎的活动之一，被学生亲切地称为衡中生活的“亮点”。一些人认为，举办这个活动就是为了磨炼学生意志，让学生能吃苦、有毅力。不错，这的确是我们举办这一活动的目的之一。但是，我们还有着更深层次的思考，那就是要培养一种精神、营造一种氛围，使远足成为一种富有生命力的活动，让学生在这一活动过程中，收获胜利的喜悦，得到受益一生的感悟，受到终生难忘的教育。

**一、活动背景**

我校始终遵循“大德育观”这一德育指南，坚持“重过程、抓细节、强体验”这一德育原则，围绕“以终身受益的教育培养全面发展的人才”这一德育目标，努力构建了一个多方渗透、全员参与的大德育运行格局。

怎样才能对学生进行终身受益的教育呢？我们把组织“别开生面、震撼人心”的道德实践活动作为主攻方向，用这样的活动触动学生心灵，让学生在实践和体验中感悟生活、升华思想。为此，我校每年都举行80华里远足活动。

**二、主要做法**

**（一）发动宣传，营造氛围**

远足前积极筹备，通过班会、广播加紧宣传、动员，把发动工作做实。各班级要召开“远足”主题班会，练习自己的班歌，明确远足的各项细节，选出队长并提出活动要求，每个人都踌躇满志、跃跃欲试。

远足当天早晨，全体参加活动的师生参加远足动员大会。壮观的场面使每个参加远足的学生都感觉到今天他们将要迎接一场不平凡的挑战，意识到远足活动既是一场体力的较量、纪律的较量，也是一次超越自我、挑战极限的较量，更是一次对班级凝聚力和集体荣誉感的较量。

**（二）周密部署，明确责任**

为确保远足活动取得成功，我校每次远足前都要多次开会研究，做好周密、细致的准备工作，如制订《衡水中学学生远足活动实施方案》《远足活动安全应急预案》，并成立远足活动指挥部，校长亲任总指挥长，具体分工，责任到人。远足前我校派专人多次勘察远足路线，甚至校长亲自步测路线、行程，确定途中休营地。学校还为每个参加远足活动的老师和学生购买了人身保险，并对参加远足的学生进行了严格的体检，确保不出任何安全问题。

**（三）共同实践，磨炼意志**

清晨，远足学生踏上了远足的征程。一开始，学生们都非常激动，非常振奋，一路口号，一路歌声。时间一长，孩子们开始两腿酸痛，有的脚上磨出了水泡，有的甚至脚都肿了，但他们依旧没有停下步伐，大家相互搀扶，彼此激励，坚持前行，用自己的行动诠释了："我，就是班集体；我，就是衡中人！"整个行程中，同学们表现出了令人欣慰的勇敢和坚毅，顽强地挑战着身体和意志的极限，更体现着衡中精神。

在学校领导的带领下，高一全体班主任、部分科任教师和各科室人员近百人和学生一起远足，并竭诚为学生服务。整个征程中，老师们一直走在学生队伍中，有的老师脚上起了泡，却始终不肯上医务车，他们说"我的学生能走下来，我就能走下来"。为了鼓励全班同学，各个班级都积极撰写稿件，通过宣传车向全体学生播放，有的学生还毛遂自荐到宣传车上唱歌，为全班同学鼓劲。

远足活动还吸引了不少学生家长自发参与，和孩子们共同感悟成长中的艰辛。半路上，一名学生家长崴了脚，但是仍然不肯退出，咬牙坚持着一瘸一拐地走完了全程，这种精神对学生起到了非常好的榜样作用。

**（四）丰富内容，突出主题**

这几年，我校又给远足这一传统的教育活动赋予了新的内容和意义，每年远足都确定了不同的主题，像2020年的"青春逐梦，扬帆远航"、2021年的"七秩征途初心不忘，百年峥嵘再谱华章"。今年为了将远足活动进一步引向深入，学校制作了学生自行设计的"远足班旗""远足纪念章"，还设计制作了远足活动纪念画册、签名墙，编写了远足活动学生感言集，力求给学生留下终生难忘的记忆，为学校的思想道德建设提供鲜活的教育素材。沿途，学校每隔一段路程设置党史教育展板和校史展板，一路上，宣传车的大喇叭不停地为学生们播放党史小故事，成为同学们在远足途中学习党史校史、感悟红色精神的户外课堂。到达目的地——衡水湖时，湖边美景让学生们一时都忘记了疲惫，他们大声欢呼，或唱歌，或跳舞，或合影留念，以年级为单位进行了文艺会演，并举行了拉歌比赛活动，学生代表宣读了《学党史跟党走，传承红色基因》倡议书，诵读了《衡水湖畔追忆党史，六千少年诵读<少年中国说>》，共唱一首党的赞歌《没有共产党就没有新中国》，为中国共产党成立100周年献礼，衡水湖边处处洋溢着幸福的氛围。远足途中，同学们不忘环保，一边走，一边捡拾着路边的垃圾，离开宿营地时更是精心收拾卫生，一个个如绿色使者。

我们在远足这一标志性的活动中，不断巧妙地融入多元的教育意图，培养一种精神，一种以人为本的精神，一种不畏艰辛、征服一切的精神，一种勇往直前、追求卓越的精神。

**（五）享受成功，终生难忘**

当天下午，高一年级远足队伍胜利归来。队伍最前面，鲜红的校旗迎风招展，“河北衡水中学”几个大字格外醒目，振奋人心的口号声再次在校园中响起。参加远足的每一名同学汗水中渗透着更多的是激动的泪水。有的班还齐声唱起了歌：“风雨中这点痛算什么，擦干泪，不要问为什么……”场面非常感人。豪气冲天的歌声似乎在向世人宣告：我们胜利了，衡中人再次创造了奇迹！

远足带给同学们的不仅是胜利的喜悦，更给大家带来了终生难忘的记忆。206班陈若旸同学说：“通过这次远足，我明白了困难并不可怕，80华里并不遥远，只要我们的内心强大便足矣。那阵阵歌声至今仍回荡在我的脑海中，激励我前行。我相信，远足会成为我高中三年最美的回忆，成为我人生中最宝贵的一笔财富！”606班马玉洁同学激动地说：“80华里，走到临近学校的路上时，同学们的身体都已经接近了极限，我也不例外。但脑海中始终有一个声音在反复提醒我再坚持一下，那是意志的呐喊，支持我走了下来。80华里路程所感悟的，会让我受益终身。因为坚持，我们克服了一切困难；因为意志，我们不断超越自我；因为目标，我们坚持前行！”

远足活动不仅使学生接受了很好的爱国主义教育和耐挫教育，而且磨炼了学生的意志，增强了学生的体质，培养了学生的吃苦精神，强化了学生的集体观念、纪律观念和环保意识。远足征途中，许多同学写下了真情感言，413班刘曼雅同学说：“青春是一场同行的旅途，这次远足只是其中的驿站。没有比脚更长的路，没有比人更高的山。我们要不惧艰难，笑对挑战，不忘红色精神，扣好人生第一粒扣子，争做照亮祖国未来的时代新人。”

# 第七节　盛大的“成人礼活动”

成人礼活动是衡水中学为高二（18岁）学子举行的大型庆典活动，是学校的18岁成人教育活动，用这种特殊的方式促进学生成长，帮助他们认识了“成人”的重要意义，教育和引导他们理解、体贴、感谢父母的养育之恩和师长的教诲之情，同时，倡导他们勇敢地承担起成年的神圣使命和应尽责任，巧妙强化了18岁的成人意识和公民意识。应该说，这是一项在素质教育形势下加强中学生思想工作的伟大创举。

我校非常重视18岁成人教育活动，2000年以来，学校在每年4月为高二学生举行“成人礼”活动，并把对学生进行责任教育、感恩教育、梦想教育、成长教育写入学校的德育工作框架，把“成人礼”活动写入每年的学期计划。

本着“重过程、抓细节、强体验”的德育原则，今年的成人仪式在形式、内容、规格、场景等布置上屡出新招、屡创新高，给了学生强烈的震撼。成人礼仪式有十几项议程：升国旗、奏唱国歌，冠礼仪式、鸣礼炮，学校领导致贺词，“加冠”礼，教师代表送寄语；颁赠18岁生日礼物，社会各界祝福；家长孩子交换一封信，家长代表发言；配乐诗朗诵《少年中国说》，成人宣誓；召开主题班会，撰写18岁感言。仪式中有四个高潮。

第一环节是“加冠”礼。在《大梦敦煌》的优美乐曲中，校领导和家长们为同学们冠“成人帽”，同学们恭行“拜谢礼”后和父母手牵手依次踏上红地毯，迈进了象征着成人的“成人门”。整个过程隆重而庄严、温馨而浪漫。冠“成人帽”时，向师长行“拜谢礼”时，学生心中的感恩之情和那份神圣的责任感便会油然而生。

第二环节是颁赠生日礼物。第一份礼物并不炫目，也不昂贵，却意义深远：《中华人民共和国宪法》《中国共产党党史》是青少年成长、终身践行奋斗的指南，将规范和约束成年学子的一举一动；“成人纪念章”则是他们跨入成人行列的见证。第二份礼物是生日蛋糕，它满载着领导和师长的期望和嘱托。

第三份礼物是社会各界名人送祝福。

第三环节是家长、孩子交换信件。许多孩子和家长读完信后都泪流满面，紧紧相拥在一起。

第四环节是成人宣誓，集体诵读《少年中国说》。这是最震撼人心的场景，也是他们发出的青春誓言，更是迈向新里程的信心和决心。仪式结束后，同学们参加了班级组织的主题班会并写下了洋洋洒洒的18岁感言，进一步深化了成人宣誓仪式的意义，充分证明他们已成功迈出了成人的第一步。

学校在设计成人礼仪式的相关程序时，力图给学生最强烈的心灵触动，力图在他们的脑海中留下“成人”的印迹，力图“给学生终生难忘的教育”，可谓用心良苦。事实证明，这一活动，赢得了家长的支持，唤起了青年学子独立、自强不息的人格意识和清醒的责任意识，是促进他们积极主动地健康成长成才的一条有效途径，在学生中引起了强烈的反响，使学生受到了良好的熏陶，形成了良好的教育效果。

513班魏伊明同学说：“周恩来总理青年时在南开大学立下‘五不虚度’原则，习近平总书记青年时在黄土高原立下为人民办实事的鸿鹄之志。成年意味着责任和担当，作为青年学子，我也应该向那些伟人一样，担当起振兴中华民族伟大复兴的责任与使命。”

513班张博研同学说：“回首18年，生活赋予我们坎坷和智慧，岁月给父母增添了皱纹。无论何时何地，父母永远是我们的坚强后盾。18年来，我们享受着来自家庭、学校、社会、国家的关心和呵护，更应该懂得感恩，多为家里解一分忧，为社会出一份力。只有心怀感恩，方能行稳致远。”

衡中不仅教学成绩全国闻名，更注重培养学生的综合素质，舍得花大力气举办如此隆重的成人教育活动，培养学生健康的人格。“成人仪式”是中华民族的优秀文化传统之一，我校继承并发扬光大，以德育人，这正是名校的魅力所在。

## 第八节　“十大文明道德模范”评选

“康德曾说过，这个世界上只有两种东西能引起人心深深的震动，一个是我们头上灿烂的星空，另一个是我们心中崇高的道德。而今我们仰望苍穹，天空依然璀璨明朗，而俯察内心那些崇高的道德法则，有些却需要我们在此呼唤。为者常成，行者常至。无奋斗，不青春。奋斗的青春，奉献最美。身为一名衡中人，目标在前，使命在肩，要做一名不断追求卓越的衡中人，不仅要贯彻‘六知六爱六荣’，责任担当，激情实干，团结精进，和谐共生，更要有持之以恒的奋斗精神、开放宽容的共赢精神。从衡中出发，在这片热土上积极奉献，追逐梦想，在道德的路上共同前行。”

——这是衡水中学“十大文明道德模范”之一刘宇萱同学的演讲。

“十大文明道德模范”评选活动历时近两个月。为调动学生主动参与评选活动的积极性，学校尽可能地为学生搭建展示品格、境界、素质的平台，多层面、多角度地树立典型。“文明道德模范”的评选实行分级评选，即年级组织“文明道德模范”评选→“十大文明道德模范”候选人推荐→学校组织“十大杰出文明道德模范”评选。评选活动历时长，在这个过程中，全校师生积极响应、全体行动，寻找道德楷模、学习道德楷模、争做道德楷模，文明道德蔚然成风。在很多班级的教室里张贴着弘扬中华美德的大字：“道德传承，你我之责”“千古道德，我心无憾”，等等。

竞选时，14名选手依次登台，他们或温文尔雅、侃侃而谈，或慷慨激昂、妙语连珠，或娓娓道来、情真意切。他们不仅是文明道德的阐述者与倡导者，更是文明与道德的实践者。从捡起地上的一片落叶、一张废纸到舍身救助他人，从在校园里向老师恭敬地问好、在公交车上为老人让座、在生活中孝敬父母、到市休闲广场一次又一次地清理垃圾、一次次乐此不疲地向人们宣讲环保知识，他们的行动、他们的品格、他们生活的点点滴滴深深吸引并打动了现场的所有人，使每个人感受到了文明道德的力量。更为关键的是，无论是评选前、评选中还是评选后，他们真真切切地影响了周围的一大批人，他们是文明的倡导者、传播者和实践者。

评选结束后，文明道德的力量在整个校园凝聚得越来越强，就像一盏盏不灭的灯照耀和温暖着校园的每一颗心、每一个角落。

## 第九节 “志愿者行动”

衡水中学把“以终身受益的教育培养和谐发展的人”作为自己的育人理念，把“夯实人生基础，塑造健全人格，培养有中国心、世界眼、现代脑的素质全面的人”作为自己的德育目标，注重培养学生自主教育、自主管理、自主创新、自主发展的能力，为学生搭建更多的舞台，“志愿者行动”就是学生展现自我、创新自我的绚丽舞台之一。

“志愿者行动”旨在教育、引导学生建立规范的自主管理队伍，充分发挥他们“自愿、自信、自主、创新”的精神，实现学生由“要我做”到“我要做”的跨越。目前，在衡中有两支这样精干的志愿者队伍，即绿色行动志愿者队伍和自主管理志愿者队伍。在学校和老师的引导和鼓励下，志愿者不仅能够自主参加学校管理，对教育、教学常规进行检查和评价，组织各种大型文体活动、学习交流活动、社会实践活动、公益活动等，又能以自主管理的方式对自我的行为进行规范，在自主教育、自主管理、自主发展中实现自我价值。

“志愿者”的组织指导机构为“志愿者”协会，协会会长由该协会全体会员推荐、选举产生，相关处室主任担任该协会名誉会长。

志愿者实行注册登记，学校为学生建立个人档案，档案中除个人基本信息外，还要记录参与的各项活动、在活动中本人发挥的作用、活动取得的效果或个人感想及本人的成长和收获等。在学生离开学校时，学校把志愿者的档案和学籍档案一起寄到将来就读的大学或就业的单位，让这种精神渗透到学生前行的每一个脚印，更希望他们把志愿精神传递开来、传递下去。同时学校还在志愿者当中开展“优秀志愿者”评选活动，对那些无私奉献、表现特别突出的志愿者进行表彰和宣传。

给学生一个“支点”，学生会尝试智慧地“撬动地球”。在这个平台上，学生充分发挥自己的聪明才智，施展个人才华，实现自我价值，获得内心的安慰与快乐。在志愿者的留言中有这样的话：“志愿者的经历培养了我的组织才能，教给我们如何待人接物。更重要的是，我们学会了如何在实践中将我们的梦想与愿望转变为现实。这不是一句话能说清的，付出的过程与其中的酸甜苦辣都会沉淀为我们日后飞翔的力量。这些经历将在我们今后的人生道路上起着不可估量的作用，告诉我们如何做人、如何立足社会。”

“志愿者行动”实实在在为学生搭建了“自主教育、自主管理、自主发展”的平台，调动了学生的积极性、主动性、自觉性，使学生的内在潜力得到了充分的挖掘，有利于学生综合素质的提高，也有利于学校科学、快速、持续地发展。

# 第十节　异彩纷呈的社团活动

衡水中学积极践行“无活动，不衡中”的教育理念，一直以来重视社团活动。尤其是在新课程实施以来，更是加大力度，进一步规范、拓展了社团活动，并出台了相关方案，制定了相关制度，组建了高质量的指导教师队伍，打造了一批品牌社团。异彩纷呈的社团活动增长了学生们的文化知识，开阔了学生们的视野，丰富了学生们的校园文化生活，促进了学生们的多元发展。

我校社团有科技类、社科类、艺术类、体育类，门类丰富。科技类有人工智能社团、航模社团、机器人社团、树莓派编程社团、创客空间、船模社团等，社科类社团有模拟联合国社团、模拟政协社团、模拟商业社团、中学生领导力社团、心理剧社团、辩论社团、生命急救社团、影视欣赏社团、考古社团、云观天下社团等，艺术类有金话筒社团、版画社团、布艺社团、古琴社团、合唱社团、烙画社团、剪纸社团、书法社团、街舞社团、舞蹈形体社团、泥塑社团等，体育类有足球社团、轮滑社团、冰壶社团、射箭社团等。社团独具特色，做到了科技与人文相结合，智育与美育、体育兼顾。社团指导老师由相关学科资深老师担任，经验丰富。

在科技类社团活动中，学生们沉浸于科技的魅力，学习程序编写，探索人工智能，制作具有某项特长的机器人，激发创新意识；在社科类社团活动中，学生们思考人与社会的发展，探讨国际问题，表达观点立场，进行角色模拟，了解社会发展，尝试解决社会问题，学习急救知识，掌握急救技巧，坚定了制度自信；在艺术类社团活动中，学生们徜徉于艺术的海洋，感受声音的美妙、手指的灵巧，感知传统文化的魅力，增添了文化自信；在体育类社团活动中，学生们感知着力与美的结合，感受到了冬奥文化，增强了目标意识和拼搏精神。

社团促进了学生综合素质的提升。在校内的活动中，我校社团学生积极参加教师节晚会、元旦晚会、校园心理剧大赛、十佳歌手大赛、学科文化节等演出比赛，展示了学生们的水平，展现了新时代青少年的风采。比如，自2009年开始，心理中心教研室每年都会组织开展校园心理剧大赛，学生们自编、自导、自演，将发生在他们身边熟悉的甚至是亲身经历的故事融入剧中，从中体验心理的细微变化，进而达到宣泄、释压并从中领悟一定道理的目的。学生通过“自己演，演自己”，将“大道理”用“心理剧”的形式表现出来，既让学生从中受到心灵上的启迪，又让学生感受到现实生活的美好，还增进了学生间的互动和交流、感情和友谊，使学生可以正确认识自我，实现自我成长及班级成长，这是一种富有成效和极具特色的团体心理辅导方式。

在全国、省市的比赛中，我校学生频频获奖，彰显了学生的风采。比如，我校模联社团成立十多年来，参加了北京大学、复旦大学、外交学院、南开大学、天津大学、北京外国语大学等高校举办的全国性模联会，参加了团中央主办的全国中学生模联会，还参加了芝加哥大学模联会、世联会模联会、波士顿大学模联会、北美国际中学生模联会等海外模联会，获得了很多奖项，赢得了众多荣誉。模拟政协社团成立于2014年，社团的多份学生提案提交到了衡水市两会、河北省两会乃至全国两会。2015年《关于在衡水市设立成人礼节，广泛开展成人礼活动的提案》和2016年《关于深入开展大气污染治理的提案》提交到市两会，2017年《关于以“互联网+老年人关怀之家”推进中国智慧养老的提案》、2018年《关于规范网络直播服务管理的提案》、2019年《关于规范线上旅游平台发展的提案》提交到省两会，同时也经致公党中央提交给2017年、2018年、2019年全国两会，产生了广泛的影响，赢得了社会各界的好评。

“习近平总书记对我们寄语道：青年一代有理想、有担当，国家就有前途，民族就有希望。我相信，每一个参加模拟政协的同学，都有一颗爱国心，有一颗赤子心。通过一段时间的调查研究、资料准备，其实我们每一个人都在持续而专注地关注着社会现实，潜移默化地、不知不觉地将自己的血脉与汗水融入社会的大潮里。在这里，我们每一个人成了一个完整的中国中学生。我们的站位逐渐变高，我们的眼光逐渐变宽，我们的胸怀逐渐变大。因为我们知道，在这里，就证明我们有机会、有可能影响到整个国家大政方针的书写和历史的进程，从而影响到我们的家人、我们的家乡、我们的社会、我们的国家、我们的世界。”高琳卿在2017届衡水中学模拟政协大会上的发言这样说。

丰富多彩的社团活动，为学生的成长提供了更为广阔的平台，不仅发展了学生们的创新思维，培养了学生的动手能力，还锻炼了学生的团队协作意识，提升了学生们的综合素养，丰富了校园文化生活，让衡中更有魅力，让学生们的青春更精彩。

第四章

# 培养孩子习惯

## ——衡中管理制度的理解

多年来，我校在教育教学方面取得了令人瞩目的成果，同时，我们科学而严格的管理也得到了社会各界尤其是教育界同人的认可。我们不仅有行之有效的教育、教学制度，更有把这些制度落到实处的措施与能力。管理增效益，管理出成绩，管理提素质，于是，优良的秩序形成了，和谐的校园环境出现了，一流的教育教学成绩产生了。

# 第一节　学生家长委员会章程

## 第一章　总则

**第一条**　为了加强家校合作，开放办学，调动一切积极因素参与学校管理，形成学校、社会、家庭三位一体教育合力，培养德、智、体、美、劳全面发展的合格人才，不断提高学校办学水平，特制定本章程。

**第二条**　家长委员会是经学校同意、年级聘请，由学生家长中的社会各界人士代表组成，协助学校和年级搞好教育教学等项管理的群众性组织。

**第三条**　家长委员会的宗旨：团结全年级学生家长，充分发挥其对年级教育教学工作的参谋、推动及督促作用，把学校教育、家庭教育和社会教育结合起来，促进学校和年级教育改革，努力提升学生综合素质，全面提高教育教学质量。

## 第二章　权利和义务

**第四条** 家长委员会的权利。

1.常委会定期组织召开家长委员会代表大会，共谋年级发展，提高各项工作水平。

2.各委员定期参加学生家长委员会代表大会，讨论和表决某些事项决定。

3.听取年级学期工作计划及工作情况的通报，并对此提出有针对性的意见和建议。

4.在年级部的统一安排下，进校听班主任召开的班会，督促班主任提升班会质量。

5.在年级部的统一安排下，进校听任课教师的授课，督促任课教师提升课堂质量。

6.在年级和班主任老师协调下，组织家长进课堂活动，邀请其他家长或者专家为孩子们进行励志、感恩、学习等各方面报告。

7.在学校和年级部的统一安排下，组织家长进食堂、家长进考场等活动，体验孩子食堂就餐、考场考试等学校生活。

**第五条** 家长委员会的义务。

1.热爱学校、尊重教师、关心学生，大力支持学校工作，为学校发展创建有力的社会环境，并提供力所能及的帮助。例如，政策咨询、法律服务、宣传发声、后勤保障、专家讲座等。

2.关心了解学校工作，对学校的办学目标、办学质量、教师工作、行政管理等方面提出建设性意见和建议。

3.不断探索学校教育与家庭教育更好地结合的新思路，增强学生教育的针对性、实效性。例如，多参与学校和年级组织的各项活动，提升学校和年级教育教学效果。

4.广泛收集家长对学校教育教学工作的意见和要求，杜绝群体聚集事件，并及时向学校和年级反馈，帮助学校和年级改进工作方法、提高工作效率、提高办学水平。

5.配合学校有效地对孩子进行爱国主义教育、集体主义教育、成人成才教育、责任诚信教育、文明行为习惯养成教育，使孩子全面、健康、快乐地发展。

6.促进社区教育，关心学生的课余生活，创造条件支持学生参加社区服务及社会实践活动。例如，走进大学、走进企业、走进各种学习基地等。

7.了解学校各项工作制度，维护学校良好形象，对于社会上诋毁学校的言行要坚决制止，并做好解释和宣传工作。

## 第三章 组织机构

**第六条** 家长委员会成员必须具备下列条件。

1.了解和热心教育，懂得一定的教育规律，关心学校和年级，能热心为学校工作出主意、想办法。

2.具有较丰富的家庭教育经验，并有较好的教育效果。

3.为学校和年级工作及改善办学条件做出贡献。

4.为学校开辟课外教育渠道提供帮助，为学生进行社会实践社区服务活动提供方便。

**第七条** 家长委员会委员由家长自愿申请，各班主任根据条件推荐、年级部研究审查，报学校同意，最后由学校颁发聘书。家长委员会委员任期3年，至本届学生毕业，中途变更需向年级部提出申请，报学校研究同意。

**第八条** 各年级家长委员会组织设置为：家长委员会主任一名，副主任若干名，秘书长一名，常委、委员各若干名。同时为了让5个年级部的家委会更好地发挥合力作用，高一年级5个年级部家委会结合家长职业，设置了十大服务部门：教育科研服务部、纪检司法服务部、文化宣传服务部、医疗保险服务部、审计税务服务部、军警消防服务部、企业贸易服务部、银行理财服务部、交通通信服务部、其他职能部门服务部。家委会成员所属部门请参照通信录，并从专属领域负责为学校、年级做好各项事务的后勤保障。

**第九条** 衡水中学学生家长委员会按年级设置，以年级为单位进行活动。学生家长委员会一般每学期召开一次会议，由家委会主任主持召开。如有重大事项、特殊情况，则需要由家委会主任主持召开常务委员会议，或者通过电话、微信随时商讨解决。

**第十条** 家委会运转机制：沟通协调，反馈发声，助力督促。沟通协调：了解并参与学校管理，听取年级工作汇报，收集家长对学校建议，搭建家校顺畅沟通的桥梁。反馈发声：维护学校形象，监测各种负面言论，并及时制止和澄清，同时与学校、年级做好反馈。助力督促：大力支持学校的各种活动，提供各方面援助，出谋划策、政策帮扶、资金支持等，同时督促好学校各项活动高质高量开展。

## 第四章 附则

**第十一条** 本章程是衡水中学全校学生家长共同的行动准则，每个家长都应自觉遵守、坚决维护。

**第十二条** 本章程经学生家长委员会会议通过后生效，并报学校备案。

**第十三条** 本章程由河北衡水中学负责解释。

## 第二节　思想道德建设工作实施方案

### 一、指导思想

为了贯彻落实中央、省、市关于进一步加强和改进未成年人思想道德建设工作的重大决策，紧密结合学校争创全国一流、世界知名的国家级示范性高中的宏伟目标，坚持德育为首、育人为本、注重实效的原则，以弘扬和培育民族精神为核心，抓住文明行为习惯养成教育、责任教育和诚信教育的关键，健全工作机制，完善德育体系，改进教育教学方法，努力寻求德育工作新突破，以推动和繁荣学校“精神特区”建设。

### 二、工作目标

按照“夯实人生基础，塑造健全人格，培养有中国心、世界眼、现代脑、素质全面的现代人”这一总体德育目标，高一阶段重点进行习惯养成教育、自主自理自强教育、理想目标教育，高二阶段重点加强责任教育、纪律教育、意志力教育，高三阶段重点强化感恩教育、生涯教育和心理健康教育，不断健全各年级和班级的德育目标和内容体系。建立思想道德建设一把手负责制，切实把以德育人放在首位。健全课程体系，抓实“两课”教学，做好学科教学渗透。联系学生实际，从大处着眼，从小事抓起，以喜闻乐见、生动活泼的形式，开展一系列别开生面、震撼人心的活动，以实现学校的德育目标。

### 三、工作内容和措施

#### （一）开展弘扬和培育民族精神教育

1.要把弘扬和培育民族精神教育贯穿于课堂教学和各项活动之中。在“两课”教学中，要增加弘扬民族精神教育的内容，选好和增补能够体现民族精神的授课内容，积极弘扬民族精神这一主旋律；学科教学过程要充分利用课程资源，适时渗透民族精神教育，如理科教学可以丰富我国科学家的科学成就等富含民族精神的内容。

2.充分挖掘和利用丰富的传统道德教育资源，如雷锋精神、载人航天精神等，有主题、成系列地开展好经常性的教育活动。充分利用本校课程、综合实践活动、校园宣传媒介、校园（教室、宿舍）各个场馆环境等渠道和阵地，常年开展爱党、爱国教育，增强学生对学校、家乡和祖国的认同感、自豪感及责任感。

3.把每年9月确定为“弘扬和培育民族精神教育月”，结合入学教育、庆祝教师节、公民道德宣传日、迎接国庆节和“爱国从脚下做起，从我做起”等活动，集中开展以爱祖国、爱家乡、爱学校为重点的宣传教育活动，掀起弘扬和培育民族精神教育的高潮。

4.各处室要紧密配合、认真组织，共同搞好参观爱国主义教育基地、观看爱国主义教育影片、瞻仰革命圣地、祭扫烈士墓和暑期夏令营等活动。

**（二）加强诚信教育和责任教育**

1.要把诚信教育和责任教育作为思想道德建设的重要内容，纳入德育工作计划，提上重要议事日程。

2.大力开展“诚信在我校，责任在我身”教育活动。要不断深化活动内涵，深入开展诚信教育、责任教育和勤奋学习教育，并把其渗透到学生的日常生活之中，尤其在每次考试前后，让学生学会对自己负责、对父母负责、对学校负责、对祖国负责。

3.大力倡导和推行诚信作业、诚信考试、诚信做人、诚信交往。要加强对学生的引导和管理，创建诚信考场，坚决杜绝考试作弊、抄袭作业、欺骗他人等不诚信现象，努力做到时时事事讲诚信。各项教育活动要准备充分，活动后要有总结，以避免形式主义倾向产生。

**（三）加强文明行为习惯的养成教育**

1.要把文明行为习惯教育作为一项经常性的工作，抓实抓牢，常抓不懈。结合新生入学、主题班（团）会、80华里远足活动等，集中对学生进行遵守中学生守则和日常行为规范的教育，让学生养成良好的生活习惯及自觉遵守法律法规、社会公德和社会秩序的意识。

2.结合“衡水中学文明班集体”评选，创新对学生的刚性管理和柔性引导，让学生以主人翁的姿态积极参与班级建设，以集体的力量约束学生的行为，从而使教育管理学生的过程变为学生自觉形成良好行为习惯的过程。

3.要重视和创新“五心”教育，以注入现代文明的活力和生机。要把“忠心献给祖国”作为传统美德教育的主线，对学生进行爱国主义教育；要把“爱心献给社会”“关心献给他人”作为核心，大力倡导集体主义精神；要把“孝心献给父母”作为突破口，层层推进爱父母、爱学校、爱祖国、爱人民的教育；要把“信心留给自己”作为灵魂，不断增强学生的竞争意识，使“五心”教育得以扎实落实。

4.要把心理健康教育与德育工作有机结合起来，通过个别疏导、团体讲座、心理专栏、心理信箱等形式，全面开展学生心理咨询服务，培养学生的良好心理品质，使他们懂得为人处世的基本道理，做到心中有他人、心中有集体、心中有祖国。要把关注教师的心理健康列入德育工作议事日程，努力提高教师心理健康水平，减少和杜绝学校及教师对学生心理的消极影响与伤害。

**（四）积极发挥德育主阵地的作用**

1.深化教学改革，实施生活德育。德育工作要联系学生生活实际，把德育有机地融入学生整体生活之中，以调动学生学习的积极性和创造性，使勤奋学习、刻苦钻研成为学生的自觉行动，切实提高教学效果。继续执行午休制度，严格保证学生每天8小时的睡眠时间，保证学生每天不少于1小时的户外活动。

2.严格执行各项改革措施，继续降低授课难度，减少作业数量，提高作业质量，切实减轻学生过重的学习负担。教学过程中必须突出“以学生为主体”的教育思想，引导学生质疑、调查、探究，使学习成为教师引导下的主动而富有个性和乐趣的过程；要充分利用教学观摩系统，切实加强对课堂教学的质量监控，全面提高课堂教学效益。

3.要充分发挥共青团的重要作用。不仅要采取多种形式开好团会，还要认真组织好入团仪式、绿色行动志愿者服务等与学生成长密切相关的活动，不断挖掘其中的教育价值。严格保证每年30天的社会实践活动时间，特别是暑期和周日，让学生在社会实践中自觉接受教育。要认真组织军训活动，强化国防教育，巩固国防教育成果。

4.办好“学生业余党校”。要做好广泛的宣传和发动，让学生们都能够积极向组织靠拢。通过“学党章、找差距”等活动，做好入党积极分子的培养和教育，有计划地将思想道德先进、品德高尚、遵纪守法、刻苦学习、成绩优异的学生吸纳到党内来，为党的肌体不断输送新鲜血液。同时，要不断总结开办学生业余党校的经验和不足，提高工作水平，使学生业余党校工作不断走向规范化、制度化。

5.要重视和开好每周日的班会，有主题、成系列地对学生进行专项道德教育。要创新主题班会，把班会的自主权还给学生，让学生在自主参与、自主管理和自主感悟中自我完善、自我超越、自我塑造，从而学会生活、学会做人。要继续开展优质班会展示活动，教育和引导班主任把每节班会课都上成精品班会。

**（五）开展多种形式的主题教育活动**

1.积极开展主题教育日、教育周、教育月活动。集中开展生命教育、感恩教育、法制教育、环境教育、科普教育、安全教育、勤奋学习等主题教育活动，崇尚科学文明的生活方式，倡导积极进取的生活态度，促进学生健康成长。

2.遵循“精神特区”新理念，全面推进校园文化建设，以先进的文化感染人、教育人。通过开展优良校风、班风、学风创建活动和“星级宿舍”评选、教室（宿舍）文化评选等，全面提升学校文化品位。要充分发挥校园广播、《衡中时空》、微机校园网等宣传阵地的作用，配合各项德育专项活动，多角度、多层面地宣传学生中的好典型、好作风、好事迹，形成舆论强势，培养他们的责任意识、诚信意识和成才意识，并能做到人与人的相互关爱、人与环境的协调发展、人与自然的和谐相处。继续坚持升国旗制度，并组织开展大唱爱国主义歌曲活动。

3.大力营造参与科技创新的浓厚氛围。学校不仅要结合课程改革，在必修课中渗透科技教育，在选修课中开设科技教育专题，在活动课中强化科技教育实践活动，还筹建了诺贝尔奖获得者展室，以激发学生参与科技创新的激情。对于各种科技创新大赛，要组织学生积极参与，有奖必拿、有标必夺。

4.要加强“网络道德”教育，让学生自觉遵守“网络道德公约”，远离网吧，远离淫秽、色情和暴力等不良网络内容，提高上网自我调控意识与能力，以培养良好的网络文明意识和网络道德习惯。

5.要用先进人物和道德楷模的事迹教育学生。整理和建立历届“十大学星”和“每周之星”档案，进行跟踪调查，并经常对在校的“星级人物”提要求，激励他们真正成为学生中的榜样，切实发挥他们的典型示范作用。要善于发现和挖掘学生中有突出事迹的典型人物，以其身边鲜活的事例教育学生。

6.实施扶贫帮弱助学工程。每学期要组织一次全校性的慈善募捐活动，让全校师生都来关注来自弱势家庭的学生，给予他们更多的人文关怀，确保这些学生不因经济困难而辍学。

7.要充分利用爱国主义教育基地、社会实践基地等所提供的便利条件，如衡水烈士陵园、国家级湿地和自然保护区衡水湖等，用丰富的社会德育资源教育学生。依托社区各种活动阵地，发挥社区人才资源优势，组织开展富有吸引力的思想教育和文化活动。

**（六）全面加强师资队伍建设**

1.继续加强师德师风建设，不断提高广大教师的人格修养。通过开展“学生在我心、师德在我行”等活动，教育广大教师敬业奉献、以校为家、爱生如子、求实进取，最大限度地调动老中青教师的工作积极性和主动性。同时，大力开展“师德标兵”评选活动，全面营造“人人讲师德、人人当骨干”的舆论氛围。坚持师德教育“一票否决”的教师任职机制，坚决杜绝体罚或变相体罚等事件的发生。

2.加强班主任队伍建设。继续把素质好、作风硬、责任强、水平高的优秀教师推上班主任工作岗位，营造一个人人争当班主任、人人能当班主任、人人能当好班主任的良好氛围。继续落实见习班主任制度，通过请进来、送出去、推上台等具体措施，切实提高他们的素质，使其尽快成长为一名合格的班主任。不断完善班主任家访制度，建立双向交流式的学校、家庭合力育人的新机制。继续对班主任在岗位津贴、学习进修、职称评聘和表彰奖励等方面给予优先考虑。

3.加强专职德育工作队伍建设。以政治课教师为主体的专职德育队伍是对学生进行思想道德教育的主要力量。要继续加强对这支队伍的教育和管理，健全制度，明确职责，扎扎实实抓好对他们的培训和教育，不断提高他们的素质，切实发挥他们的作用。继续加强德育科研工作，积极探索新时期学校德育规律，创新德育观念、德育手段和德育方法，力求德育科研有突破、有成果，并能够在全国产生大的影响。

4.要充分挖掘和利用学生家长中的教育资源，建立健全各年级部的家长委员会，并开展丰富多彩的“家长进课堂”活动，不断完善学校、家庭和社会的定期沟通制度，顺畅家长参与学校德育等工作的管理渠道。

**（七）建立科学的综合评价制度**

要建立和完善德育管理网络，逐步摸索出一套有衡中特色的德育评价体系。对于学生思想道德素质的考核评价工作，要把日常行为表现和知识评价结合起来，根据具体考核内容，采取自评、互评、教师评、家长评等方式，综合评价学生的思想道德素质。建立学生德育档案，把学生成长过程中思想道德方面的真实记录存放其中，并把学生思想道德素质的考核结果作为学生入党、评优选模、推荐保送的重要指标。

**四、保障措施**

1.组织全校教职工认真学习有关加强和改进未成年人思想道德建设的重大决策，开展“领会精神、寻找差距、创新形式、改进措施”的学习教育活动，牢固树立德育为首、以人为本、注重实效的观念。

2.完善学校德育工作领导小组，实行德育工作校长负责制。充分发挥校党委的政治核心作用，监督和保证思想道德建设工作的有效落实。学校行政要把德育工作纳入学校发展的总体规划，把加强和改进未成年人思想道德建设作为学校各项教育活动的重要内容。

3.不断加大对德育工作的投入，切实落实德育工作经费。要尽快争取立项国家级德育课题，并努力使之发展成为学校德育工作的特色项目。

4.在各项活动中，一定要把安全教育放在重中之重的位置上，切实对学生的安全负责。

## 第三节　创建文明和谐校园实施方案

### 一、指导思想

按照以人为本的原则和科学发展观的要求，以人与人的和谐、人与自然的和谐、人与社会的和谐为主线，以加强党员干部队伍思想作风建设为重点，以密切党群和干群关系为核心，转变职能，转变作风，转变服务方式，提高服务质量，为实现构建文明和谐衡水的奋斗目标做出积极贡献。

### 二、总体要求

按照《衡水市创建文明和谐单位实施方案》要求，统一部署，搞好发动，找准问题和切入点，突出重点，制订方案，狠抓落实，以达到“创建优秀班子、培育优良作风、建设优美环境、促进优质服务、创造优胜业绩”的目标，形成校园环境优美、舒适，教育秩序稳定、安全，文化生活丰富、高雅，人际关系团结、和谐，学校形象文明、开放的格局，从而把我校建成“社会满意、全国著名、世界知名”的一流示范性学校。

### 三、组织领导

衡水中学“五优”达标竞赛创建文明和谐单位活动领导小组的组长由校长担任，副组长由党委书记、副校长和纪检书记担任，成员由中层以上领导干部组成。领导小组下设办公室，办公室设在法规处，办公室主任由法规处主任兼任，按照日常工作分工，制定相应的具体创建目标，并由办公室统一谋划、统一调度，协调组织和领导以及指导学校的创建活动工作。

### 四、具体目标

#### （一）创建优秀班子

1.要牢记领导班子座右铭，“从大局出发、以事业为重、为师生着想、对未来负责”，多工作，少得利，勤服务，无亲疏，一身正气，廉洁自律，常思贪欲之害，常怀律己之心，充分落实好党风廉政建设责任制，进而依法行政、依法服务。

2.要真正发扬“三全作风”，对工作“尽全心、负全责、出全力”，要老师们做到的首先自己要做到，要老师们不做的首先自己不要做，有学生的地方要有老师，有老师的地方要有领导，严以律己，以身作则，切实为师生搞好服务，为一线搞好服务。

3.要努力做到“六个相互”，班子成员之间要相互信任、相互尊重、相互支持、相互谅解、相互配合、相互补充，以保证学校领导班子始终处在科学、民主、和谐的状态，从而构建一个有战斗力、有凝聚力的坚强领导集体。

4.要全面提高“八种意识”，班子成员要切实增强合作意识、学习意识、管理意识、服务意识、责任意识、危机意识、竞争意识和质量意识，抓住难得的发展机遇，调动一切积极因素，高起点、高标准、高质量、创造性地完成各项管理和服务工作。

5.要认真践行“六个一”活动，班子成员每天至少和一名老师进行一次交流，每天至少发现一个问题，每天至少发现一处亮点，每周至少和一名学生进行一次交谈，每周实施一项工作新举措，每周提出一条工作好建议，深入一线，广泛调研，提升管理水平，提高工作效率。

**（二）培育优良作风**

1.积极开展保持共产党员先进性教育活动，不断完善各项规章制度，认真解决党员干部在思想、组织、作风以及工作方面存在的问题，不断强化党员干部的责任心和事业心，不断密切党群关系和干群关系，进一步加强学校效能建设，进一步搞好文明单位创建工作，进一步提高党组织的凝聚力、战斗力和创造力。全体党员干部要精诚团结、通力合作、无私奉献、廉洁从政，为实现学校的宏伟目标提供坚强的政治保证和组织保证。

2.积极落实“高站位决策、低重心运行、近距离服务、走动式管理”的运行模式。领导干部要从更高站位、更宽视野谋划学校的发展，深入调研，科学决策，敢想敢干，以确保学校教育教学质量在河北省的龙头地位不动摇。

3.在全校大力开展“诚信在我校，责任在我身”“学校是我家，我们都爱她”“心中无差生”等系列活动，结合实际，树立典型，抓“小节”，立“大德”，营造浓厚的人人关心集体、人人爱护学校的氛围。同时，要修订完善和出台《班主任工作条例》《班主任工作评价细则》《财务管理制度》《固定资产管理办法》，并切实落实到位。

4.在全校大力开展“书香校园”活动，推进“知识富脑”工程，“学、考、讲”相结合，引导广大教职工养成终身学习的习惯，不断拓宽知识面，不断完善教学过程，从而最大限度地提高广大教职员工的整体素质。

5.加强师德建设，珍惜群众信任，营造和谐氛围，提升广大教职工的思想境界，不断丰富“精神特区”的内涵。要进一步建立健全“竞争上岗制”“岗位责任制”“限时服务制”“绩效考评制”“失职追究制”等制度，继续在评优选模和评职晋级上实行师德“一票否决制”，营造勤政敬业、爱生如子、无私奉献的工作氛围。

**（三）创建优美环境**

1.要大力加强人性化和精细化管理，以人性化管理促个性化发展，以精细化管理促整体性提高。要按照“尊重的教育”理念，高质量地准备并组织好每一堂课、每一次会议、每一项活动……为每一名师生个性化发展创造良好环境，为每一名师生价值的体现搭建广阔舞台，促进全校师生的健康成长和全面发展。

2.在管理过程中，要弱化“管”，强化“理”，少“管”多“理”，让每个人每天都充满激情，让每个人每天都享受工作，逐步实现人人都能自觉认真履行自己的职责。

3.为了打造让广大教职工“动心”的政策环境，学校将进一步调动广大教师的积极性，彰显老年，突出中年，培养青年，并不断完善校内师资培训软环境，分专题、成系列地开展各种讲座，以提高广大教师专业素养，使每个人的专业素质都有大幅度的提高和发展，使各类人才都能最大限度地发挥潜能和潜质。

**（四）促进优质服务**

1.为了使依法执政有平台、有内容、有标准，法规处要正式运行，并履行好处室职责，依法维护师生合法权益，并做好有关规章制度的法律解释工作。同时，领导干部要努力践行走动式管理，深入课堂，深入一线，调查研究，发现问题，切实为一线搞好服务，切实为师生搞好服务。

2.为了使科学执政、民主执政、文明执政有依据，要进一步发挥教代会的作用，并组建新一届校务咨询委员会，各年级也要成立不同形式的事务咨询委员会，进一步畅通信息反馈系统。同时，要继续完善学生调研员制度和学生义务监督员制度，使学生们能够及时把生活、学习中存在的困难反馈上来。

3.认真搞好政务公开。学校要定期将收费、财务收支、招生考试录取、教职工职称评定、业务考核、晋职晋级、评优选模、领导队伍廉洁自律、特困生减免费用等热点问题公开，内容要规范，程序要齐全，不断增强学校工作的透明度，促进学校民主管理。

4.要强化对后勤职工和教辅人员的常规管理，从完善各种规章制度入手，落实好岗位责任制，规范工作程序，全心、全意、全面地搞好服务，提高工作效率和服务水平。同时，要进一步落实好“限时维修制度”。

5.完善民主监督机制。继续聘请社会监督员，定期召开家长座谈会，不断加强社区和家长对学校工作的监督，督促各处室和各年级部进一步提高服务质量。同时，充分利用好举报信箱、举报电话和网上留言箱，积极参加阳光投诉工程，让更为广泛的群体对我校各项服务予以监督。

**（五）创造优胜业绩**

1.积极践行依法治校理念，争创国家级依法治校先进单位。要坚持“依法治校、科研兴校、民主强校”的办学思想，全面贯彻党的教育方针，不断健全民主监督机制和公开透明机制，努力构筑法制化管理体系，依法规范师生管理，依法维护师生权益，进一步提高学校依法决策、民主管理和民主监督水平，使学校各项工作逐步走上法制化、科学化、民主化的轨道。

2.认真贯彻可持续发展理念，努力创建国家级绿色学校。继续大力开展“节约节能、关爱环境”活动，牢固树立“节约光荣、浪费可耻”观念，努力营造一个节能降耗的氛围，不断完善和丰富校园文化内涵，打造一个“绿色衡中”“人文衡中”。

3.全力加强德育工作，继续争创德育工作先进集体。要本着“重过程、抓细节”的原则，落实好“一至六”的德育工作思路，即坚持一条主线、开展二项创新、建立三种机制、办好四所学校、加强五项建设、强化六项教育，不断创新德育方法，拓宽德育途径，提高德育实效，把尊重人、关心人、教育人、发展人贯穿在教育的全过程，促进学生的身心、学业和人格的全面健康发展。

4.教学质量不断攀升，继续争创普通高中优秀学校。要遵循“教会学生学习”的教改指导思想，进一步深化诱思探究课堂教学改革，进一步完善教学常规管理，进一步严格教学常规检查，进一步落实好“一至六”的教学工作思路，让广大教师“眼睛盯在质量上，功夫下在管理上，实干落在平时上，基础打在备课上，目标定在发展上”，重点夯实基础教学，激发学生学习兴趣，努力实现“教”与“学”的和谐统一，从而使教学质量继续保持在河北省的龙头地位不动摇。

5.认真做好安全工作，继续争创综合治理先进单位。要切实抓好学校安全和卫生防疫工作，落实好一切安全管理规定，确保不出现任何安全事故和流行性疾病，维护学校稳定的教育教学秩序，顺利通过省级综合治理先进单位评估验收。

## 第四节　学生尊师礼仪规范

一、尊重全体教职工，见面主动打招呼。

二、老师进入教室上课时，听到班长喊“起立”口令，全体起立，立姿要端正；待教师回礼后，听班长口令坐下。

三、老师上课时，迟到者要在进门处立正“报告”，待老师允许后，方可进入教室入座。

四、回答老师问题要起立，问老师问题要举手，经允许后起立再问；回答问题或提问完毕后，待老师允许方可坐下。

五、在教室、宿舍等场合，回答师长（或来宾）问话要起立，接受递送物品时要起立，并用双手。

六、去教师的办公室要在门外立正喊“报告”，待老师允许后方可入内；爱护老师的物品，不私自翻阅老师的办公用品和个人用品。

七、尊重老师人格，维护老师形象，在任何场合都不直呼老师的名字，更不能给老师起绰号。

八、公共场所要主动给老师让座、让路。

## 第五节 学生文明公约

为树立良好的衡中人形象，创建精神特区，增强文明意识，培养文明行为，特制定本公约。

1.热爱祖国，热爱人民，忠心报国，无私奉献。

2.爱校如家，爱护公物，热心公益，充满爱心。

3.崇尚科学，自强不息，拼搏向上，全面发展。

4.热爱劳动，勤俭卫生，戒烟忌酒，爱护环境。

5.尊敬师长，讲究礼貌，讲究文明，言行一致。

6.团结友爱，热情大方，互尊互助，互让互谅。

7.遵纪守法，服从管理，蓬勃向上，弘扬正气。

8.锻炼身体，强健体魄，陶冶情操，志趣高雅。

9.遵守公德，尊老爱幼，孝敬父母，助人为乐。

10.举止得体，服饰整洁，谈吐文雅，自尊自重。

## 第六节　学生诚实守信公约

诚信是做人的一种品质，是个人成就事业的根基，要想做到诚实守信，就要从生活中的每件小事做起。作为一名学生，在日常的学习生活中，要说老实话、办老实事、做老实人，为将来的人生打下坚实的基础。

1.尊敬教职工，见面要主动打招呼，不要避开或视而不见；进入教师备课区不大声说话，更不要随便动老师的东西。

2.同学之间要团结、互助。要尊重同学的隐私，不随便动用他人物品，不看他人的信件和日记。

3.守时守信。不在自习、午晚休时间说话，不损人利己；讲信用、守承诺，答应别人的事要按时做到，借他人钱物要及时归还。

4.勤奋学习，按时独立认真完成作业，不抄袭；考试不作弊。

5.自觉遵守校规校纪，勇于承认错误，知错必改，做到诚实无欺，尤其敢说真话，即使说了真话有损自身也在所不惜；对不文明的行为敢于抵制。

6.助人为乐，见人有难要热情相助，不能袖手旁观。

7.拾金不昧，不唯利是图。捡到他人物品要积极寻找失主，不能据为己有。

8.爱护学校一草一木，不破坏公物，不践踏草坪。

9.积极参加学校组织的各种实践活动，尽自己的义务做好自己应该做的各项工作，不能欺骗或应付。

10.节约粮食，爱惜水电。不吃、带零食，养成良好的饮食、卫生习惯。

## 第七节　“加强文明素养，争做文明学生”倡议书

亲爱的同学们：

言行举止，体现一个人的性格和内涵；文明礼貌，彰显一个人的素质和修养。树立校园文明风尚，创建文明校园，既是时代对我们青年学子的成长要求，又是我们每一名衡中学子义不容辞的责任。在此，学校向全体同学发出“加强文明素养　争做文明学生”的倡议，希望同学们积极行动起来，播撒文明之花，收获成长硕果，共建文明校园。

1.人人文明礼让，安全上下楼梯，不拥挤打闹。

2.遵守作息时间，按时上课自习，不迟到早退。

3.加强体育锻炼，坚持晨读早操，不慵懒萎靡。

4.维护餐厅秩序，注意就餐礼仪，不铺张浪费。

5.保护公共设施，爱护花草树木，不污损破坏。

6.优化环境卫生，建设温馨班级，不违规乱纪。

7.坚持勤俭朴素，节约用水用电，不浪费资源。

8.学会自尊自重，穿着干净整洁，不奇装异服。

9.行为举止得体，交往真诚大方，不过于亲昵。

10.友爱同学朋友，待人谦逊友善，不鲁莽冲动。

11.见到师长问好，讲文明懂礼貌，不污言秽语。

12.弘扬衡中精神，共建和谐校园，不损害校誉。

亲爱的同学们，播下一种行为，收获一种习惯；播下一种习惯，收获一种性格；播下一种性格，收获精彩人生！让我们从自身做起，从身边小事做起，把文明礼仪、道德规范落实到每一次的言行中，在“文明礼仪”实践活动中，摒弃陈规陋习，崇尚科学文明，弘扬社会新风尚。愿文明礼仪之花开满校园的每个角落，伴随我们一同健康成长！

## 第八节　关于开展“无批评日”“三自主日”活动的指导意见

为贯彻落实中共中央、国务院《关于进一步加强和改进未成年人思想道德建设的若干意见》，创设民主、宽容、和谐、人文、进取的校园氛围，提高育人技巧，寻求科学教育方式，密切师生关系，实现最佳的教育效果，经学校研究决定，在广大师生中分别开展“无批评日”“三自主日”（自主教育、自主管理、自主发展）教育活动，并将每周的星期一定为“无批评日”“三自主日”。为开展好此项活动，特提出如下指导意见。

**一、要正确理解两项教育的内涵及相互关系**

“无批评教育”是当代的一种新的教育理念，它与“尊重的教育”“平等的教育”“赏识的教育”是相通相连的，换句话说，它是“尊重的教育”“平等的教育”“赏识的教育”的一种具体体现。它主张：教师在教育教学活动中要用尊重、关爱、赏识、鼓励、肯定的眼光、态度、方式对待每一个学生，对待每一个犯错误的学生，以及有各种问题的学生，让每一个学生都能抬起头来走路，坚决反对挖苦、讽刺、指责、贬低、体罚的教育方式。它的指导思想：放下师道尊严的架子，拉近与学生的距离，走进学生心灵，多给学生肯定，少给学生压力，用无私的爱心、表扬的武器、赏识的眼光、宽容的力量、肯定的态度、幽默的艺术来引导学生、感化学生、激励学生。它的最终目的：培养学生自我控制、自我约束、自我评价、自我批评的能力，明辨是非的能力，友善相处的能力，使他们真正成为自主教育、自主管理、自主发展（“三自主”）的社会需求和欢迎的现代人。

教师的“无批评教育”与学生的“三自主教育”是统一的，是相辅相成的。“无批评教育”搞好了，就会促进“三自主教育”的开展。同时，“三自主教育”有效深入地开展，又会提升“无批评教育”的水平，拓宽“无批评教育”的领域。因此，只有两项教育同布置、同落实，才能达到我们的预期目标。

## 二、开展好“无批评日”“三自主日”教育活动的具体要求

1.每个教师都要认真查找自己在教育教学活动中存在的语罚、体罚或变相语罚、体罚的不良教育行为与教育方法；每个学生也要认真查找自己在学习、生活、习惯养成方面存在的缺乏自控、缺少自律的环节与问题。对查找到的问题，每位师生都要分类归纳，并制订出相应的整改计划和措施。

2.“无批评日”“三自主日”这一天，学生无严重违纪（指学习中的缺点或无意的违纪、轻微的违纪）行为，老师一般不做任何批评；确需批评的，也要婉转地提醒，或是在表扬其优点的言语中对其缺点进行暗示。即使学生严重违纪了，老师也应该采用与学生平等对话、帮学生明理、让学生写自主教育日记等方式加以解决，切忌大发脾气、横加指责、语罚、体罚等。

“无批评日”“三自主日”这一天，学生要高度自觉地遵守校规校纪，尊重老师，尊重同学，尊重他人，尊重自己，增强自己的自控力、约束力，做到自律、慎独，成为一个自主教育、自主管理、自己的事能自己办的真正意义上的自主人。学生一旦违纪违规或与他人发生矛盾，要自我反思、自我剖析、自找原因，不找任何借口，要写出深刻的自主教育日记。

3.在“无批评日”“三自主日”的教育活动中，老师起着重要的主导作用与引领作用。因此，老师不仅要有先进的教育理念还要有科学、实用的教育方法，即与学生交流，让每个学生都能和老师平等对话；帮学生明理，让每个学生在实践中、体验中辨别真伪与对错；对学生微笑，让每个学生都能感到老师的关爱与关心，消除冷落、歧视的感觉；给学生鼓励，让每个学生都能在表扬和赏识中成长；教学生求知，让每个学生提出的每个问题都能得到耐心的解答。

## 三、采取有力措施，开展有效活动，不断将“无批评日”“三自主日”教育活动引向深入

1.在全体教师中积极倡导和推行教师文明用语，防止和杜绝使用教师忌语、教师禁语，并把此项活动纳入教师考核的内容。

2.表扬能激发学生的兴趣与求知欲，赏识可使学生产生喜悦、兴奋、向上的情绪，可以改变学生的心理感觉。为充分发挥课堂的教育功能，在全校教育

教学活动中开展“无批评课堂”“无批评班会”“请让我赞扬你”的活动。

3.充分利用作业批语与学生对话谈心、交流情感。用商榷式评语，激发学生的学习兴趣；用肯定式评语，促进学生的创新思维；用对话式评语，提升学生的自改能力；用情感式评语，培养学生的良好品质。

4.建立师生对话卡。为了加强和增进班主任与学生之间、科任老师与学生之间的沟通和交流，各个班级均要建立“师生对话卡”。学生若在思想上、学习上、生活上有需要与班主任、科任老师交流、沟通的，或有疑难问题需要老师帮助解决的，均可写在“师生对话卡”上。班主任老师、科任老师都要定时查看“师生对话卡”，对卡中所涉及的相关问题要及时与学生沟通、交流，需要解答的要予以解答。

5.加强学生“内控能力”培养和“行为归因”教育、“爱护自我”教育。各年级、各班级都要有计划、有针对性地开展“自理、自立、自强——我的责任”“自己的事自己办”“做更强的我”“做他人欢迎的人”的系列教育活动。组织学生开展“维护自己形象，对自己言行负责”的讨论会、“我的弱点在哪里”的自我批评会、“我的优点”“我心中的榜样”演讲会。

**四、开展“无批评日”“三自主日”教育，要防止走入误区**

批评不等同于讽刺、挖苦、指责、贬低，还包括在平等的对话、殷切的期盼中指出不足，在赏识优点中暗示不足。“无批评教育”中的“无批评”不是不要批评，更不是撒手不管，而是要求老师在教育教学中要寻找科学的方式、方法，探求幽默的教育艺术，进而达到人类最高境界的教育——自主教育。

自主不是自由主义，不是随心所欲，愿怎样就怎样，而是指学生把外在科学、合理的规则及要求内化为自己的内部需求和自觉行动。

开展“无批评日”“三自主日”教育是“尊重的教育”理念的一种具体实践，要想取得应有的效果，全体教师必须更新教育观念，付诸行动，努力实践，形成常规。各年级、各班级、各学科组都要按照本指导意见，结合各自的实际制订好两项教育具体的操作性的实施方案，教务处、教育处要按照各自的分工，抓好活动的指导、督查和评价，努力把活动抓实、抓细、抓到位，力争在较短的时间内使活动收到良好的成效。

## 第九节　校园欺凌专项治理实施方案

为有效预防我校学生校园欺凌事件的发生，维护和确保学校的稳定和发展，保障教育教学工作的正常运行，结合我校实际，制订本方案。

**一、指导思想**

牢固树立“安全发展”理念，通过加强法制教育，严肃校规校纪，规范学生行为，积极主动和扎实认真地做好预防和处置校园欺凌事件，为促进学生身心健康，保障校园安全，维护校园稳定，推进平安校园、和谐校园建设提供良好的环境。

**二、组织领导**

学校成立校园欺凌专项治理工作领导小组，组长由校长担任，副组长由党委委员、副校长担任，成员由各年级主任和班主任、安全处全体成员、教育处全体成员组成，协调和组织我校校园欺凌专项治理工作。

**三、工作安排**

**（一）开展教育**

联合各年级部集中对学生开展以校园欺凌治理为主题的专题教育，开展思想品德教育、心理健康教育、校规校纪教育、遵纪守法教育、行为规范教育和安全防范知识教育，邀请派出所、司法等相关部门到校开展法制教育，组织教职工集中学习对校园欺凌事件预防和处理的相关政策、措施和方法等。

**（二）各年级部召开主题班会、主题团活动**

组织学生围绕“遵纪守法、珍爱生命、共建平安校园”主题，结合近期全国发生的一些校园欺凌事件，根据本校实际进行讨论反思。通过班会，帮助学生树立纪律观念、法制观念，建立良好的人际关系，学会与人交往、沟通、交流。

**（三）完善防欺凌制度**

制定完善校园欺凌的预防和处理制度、措施，建立校园欺凌事件应急处置预案，明确相关岗位教职工预防和处理校园欺凌的职责。

（四）加强预防

加强校园欺凌治理的人防、物防和技防建设，充分利用心理咨询室开展学生心理健康咨询和疏导，公布学生救助或校园欺凌治理的电话号码并明确负责人。

（五）建立排查制度

学校教育处领导小组和班主任及科任教师要高度重视学生之间的矛盾排查和化解工作，班主任和科任教师要通过与学生谈心、交流随时了解学生的思想动态，认真排查学生之间的矛盾纠纷，做好矛盾化解工作，避免矛盾激化，发生过激行为。要加强对特殊家庭学生的教育管理，摸清底细、建档造册，积极利用好家校沟通平台，有针对性地开展帮教工作。要特别关注学生的课业和心理负担，防止因过重的课业负担和心理压力引发事故案件。要对与学校、教师和学生家长存在纠纷和积怨的人员、心理异常人员、有暴力倾向或过激行为人员等重点对象和人员，进行细致排查。属于校内人员的学校要切实做好工作，并逐一建档，落实专人加强管控；如涉及校外的应立即向派出所等部门报告。对管制刀具和其他可能危及校园安全的物品进行清查。

（六）及时处理

要及时发现、调查处置校园欺凌事件，严肃处理实施欺凌的学生。涉嫌违法犯罪的，要及时向派出所部门报案并配合立案查处。

我校要对专项治理第一阶段专题教育情况、规章制度完善情况、加强预防工作情况、排查建档情况、校园欺凌事件发生和处理情况等，按照要求进行全面自查和总结，并及时向上级汇报工作开展情况。

四、工作要求

（一）高度重视校园安全工作

深刻吸取各地已发生的欺凌事件的教训，结合实际，举一反三，严防此类事故发生。要加强学校教育教学常规管理，严防因管理疏漏发生意外。要采取措施，加强安全防范能力建设，进一步增强做好安全工作的责任感和紧迫感，切实落实安全工作责任，按照“一岗双责”的要求，严格落实安全工作负责制，形成“一把手”亲自抓，分管领导具体抓，相关科室和教职工各司其职、各负其责的工作机制，坚决防止有规定不执行、有制度不落实、有责任不追究的倾向。

**（二）“一票否决制”**

安全教育管理工作的好坏严格落实“一票否决制”，使安全教育管理工作走上规范化、制度化的轨道。

**（三）及时上报**

按照有关规定，全体教职工要及时上报安全工作信息，尤其对重大情况和突发性事件要第一时间上报，发生迟报、漏报、瞒报现象的将追究相关责任人责任。

## 第十节　奖助学金种类设立及颁发条例

为落实党和国家“使人人享有平等接受教育的机会，不让一个孩子因为家庭经济困难而失学”的要求，切实帮助家庭困难学生顺利完成高中学业，激发学生刻苦学习、勇创佳绩、报效祖国的内在动力；增强学生争先意识、创优意识、感恩意识、责任意识，努力把学生培养成有中国心、世界眼、现代脑的素质全面的人，特在全校学生中设立三种奖助学金。奖助学金的具体种类、内容、资金来源、获奖条件、颁发办法以及相关要求如下。

**一、奖助学金设立种类**

奖助学金设三种：家庭困难学生助学金、学习优秀学生奖学金、特殊荣誉学生奖学金。

**二、奖助学金资金来源**

奖助学金由国家、学校、爱心助学企业、个人、社会慈善组织等共同筹集。

**三、各种奖助学金的奖项设立、构成、奖助人数、奖助对象以及相关要求**

**（一）家庭困难学生助学金**

1.奖助对象及相关要求

①家庭经济困难，生活俭朴，勤俭节约；

②关心集体，团结同学，尊重师长，孝敬父母，为人诚实，懂得感恩，有良好的道德品质；

③自觉遵守《中小学生守则》《中学生日常行为规则》以及学校各项常规管理制度；

④学习刻苦勤奋，成绩较好。

2.评定程序

（1）学生根据家庭经济困难状况自愿申报。

（2）班主任调查核实、组织评议，根据结果向所在年级推荐。

（3）年级参照各班推荐上来的困难生数量及困难程度，根据学校分配的困难生名额，在进一步核实权衡的基础上，确定出“家庭困难学生助学金”奖励名单，并向教育处推荐。

（4）由教育处与捐资人共同研究审定拟资助人名单。

（5）公示受资助学生名单。

（6）对公示结果无异议后，予以发放款额。

3.发放办法及相关要求

（1）不论领取何种助学金，均要由年级部统一造表、领款人签字、审核人审核、年级主任签字、主管校长和校长签字。

（2）教育处主管人员留存好助学金领取表及学生签字表，以便查看。

（3）各项助学金领取处所及要求。

①各企业（个人）资助，由教育处统一分配各年级资助名额，由各年级统一造表、教育处（教导处）审核，统一到财务处领取。

②“共同行动”帮扶金，按各年级确定的名额，由学校“共同行动”志愿者统一制表，交由领取人签字、教育处主任审核后，交膳食处按照受助人获助款额打到饭卡上并予以公示核实。

③国家助学金，由教育处和年级部按照申请人的家庭困难程度和相关规定，确定出受助人及受助款额档次的名单；由教育处协助银行统一为受助人办理银行卡，并将银行卡发至年级；由各年级部负责将卡发放到受助学生手中；资助款由上级财政部门按规定直接打到卡中。

（4）各种家庭困难学生助学金，一般情况下每学期审核调整一次。

（5）发放时间及次数：“衡水中学家庭困难学生助学金”每学期发放一次，时间大约在学期中；其他类项的“家庭困难学生助学金”一般情况下每学期发放一次。

（6）有下列情况之一者，取消其“家庭困难学生助学金”获得资格：

①违反校规校纪，受到警告及以上处分或通报批评两次及以上者；

②生活奢侈、铺张浪费者；

③学习不安心，思想浮躁，学习意志消沉，学习成绩大幅度下滑，经做工作仍无效者。

**（二）学习优秀学生奖学金**

1.奖学金等级、奖励款额及奖励人数

该项奖学金分三个等级，其中一等奖200元、二等奖150元、三等奖100元。各个系列、各等级的受奖人数按比例分别计算出该年级各系列、各等级的受奖人数。

2.获奖条件

①有良好的道德品质；

②关心集体，团结同学，尊敬师长；

③模范遵守《中小学生守则》《中学生日常行为规范》和学校各项规章制度；

④学习成绩优秀。

3.奖学金评定及颁发办法

（1）在符合条件的前提下，按学校规定和分配的名额，按期考考试综合成绩，由高到低确定。

（2）综合成绩折合及排名办法：按两次颁发间历次成绩平均名次排序。

（3）若名次并列，则以语、数、外三科成绩排序，高者列前；若仍排不出高低，则按数学成绩名次排名，成绩高者列前。

（4）若出现成绩符合规定名次，但与本文相关规定相违背时，则获奖的系列名次可依次顺延。

（5）各年级上学期高一、高二、高三评定颁发两次（期中、期末各一次）；下学期高一、高二评定颁发两次（期中、期末各一次）、高三评定颁发一次（期中一次）。

（6）每学期期中、期末考试结束后，各年级部要根据文件规定，在对照、评议、分析的基础上，将拟定的各奖项的获奖名单、等级及款额上报教育处，经教育处主管人核实、主管校长审准后予以发放。发放单上必须有核实人、领款人、批准人签字。发放单教育处要留存根一份。

4.有下列情况之一者，取消其获奖资格：

①因违纪受到“警告”及以上纪律处分者；

②两次颁奖间不上操（早、课间操）达25次及以上者。

### （三）特殊荣誉学生奖学金

为鼓励学生创先争优，激发学生在德、智、体、美等方面创造佳绩，攀登高峰，学校特设“特殊荣誉学生奖学金”。

1.奖励对象

①在全校大型教育实践活动中，经过评选、竞选、竞赛而获得荣誉者，如“十大杰出学星”“十大文明道德模范”“十佳班长”“优秀文明道德标兵”“十大杰出团员”“校园十佳歌手”等及学校大型田径运动会比赛项目成绩“打破我校历史纪录者”等；

②在科技小制作、小发明成果评比中，获得市级一等奖、省级二等奖及以上奖励者；

③学科奥林匹克竞（联）赛，获得省一等奖及以上奖励者；

④在市、省组织的大型演讲、竞赛中，获得市级一等奖、省级二等奖及以上奖励者。

2.奖励款额

（1）获得上述规定的校级、市级荣誉者，奖励额每人次100～500元（具体奖励款额可根据获奖过程的难度、竞争强度以及该奖项在学生中的影响度酌情而定）。

（2）奥赛获奖的学生，按《衡水中学奥赛奖励办法》具体实施。

（3）除奥赛外获得上述规定的省级及以上荣誉者，奖励数额每人次100～1000元。具体奖励数额的确定参照①中要求。

3.发放办法

（1）原则上每学期的下学期发放一次，并张榜公布。

（2）领取时，由该奖项所负责的处室统一制表，交由获奖人签字、相关处室主任审核签字，经主管校长和校长签批后，到财务处领取。

（3）相关处室负责给获奖者家庭寄发喜报。

## 四、加强各项奖助学金的管理

为保管好、使用好各项奖助学金，确保各项奖助学金管理科学、安全、顺畅，做到万无一失，特对奖助学金的资金管理做如下规定。

1.设专人管理，资金统一存入学校财务处专户（“共同行动”、国家助学金等特殊资助金除外）。

2.建立收支台账，严格收支手续。

收入：凡收入资助金都要由财务处认真填写收入凭证（收据），收款人、交款人均要在收入凭证上签字。

支出：向学生发放各项奖助学金，都要由相关的年级（或相关处室）制表，由领款人签字、年级主任（或处室主任）审核签字、主管校长和校长签批后方可发放。手续不全的，不得下发。

3.出纳员要及时记账，做到日清月结、账款相符、账账相符。

4.每次发放完毕后，出纳员要将各项奖助学金收支结余情况上报主管校长、校长。

5.各方筹集的奖助学金是用于奖助学生的，不得挪作他用。

## 第十一节　关于跑操见习的有关规定

为促进学生德智体美劳全面发展，增强学生参加体育锻炼活动的自觉性、主动性，克服懒惰、懦弱的不良习惯，本着既严格要求又体现人文关怀的原则，对跑操见习作如下规定。

一、因身体严重残疾不能跑操者，由本人申请，相关年级部和教育处进行核实，经主管校长同意后，由教育处发给学生“跑操见习证”。获此证者，可在跑操时间见习。

二、因患心脏病、肾病等特殊病情不能跑操者，由该生班主任持如下材料到教育处申报：①学生跑操见习申请书，申请书上要有家长签字；②学生病情诊断材料，诊断材料要由县级以上医院出具。诊断材料包括：病情化验单，影像资料，医师签字、医院盖章的“不能参加体育活动”的证明。材料经教育处核实后（必要时请医学专家核实），报主管校长同意后，由教育处发给该生“跑操见习证”。获此证者，方可跑操见习。

三、因患感冒、发烧、头痛、摔伤、扭伤等病情者若不能坚持跑操，由学生本人写出书面申请并履行请假手续。具体请假要求：7天以内的跑操见习要经班主任签字批准；7天以上的跑操见习要经班主任签字同意，并报所在年级部的年级主任或德育副主任签字批准。各年级均要制签统一制式的“跑操见习证”。

四、不论是学校批准的跑操见习生还是班主任、年级部批准的“跑操见习生”，跑操时均要持证见习，凡无证见习的均按旷操对待。旷操一次按旷课一节论。

五、早操见习生集合地点为学校体育馆内，课间操见习生集合地点由各年级部自定。在跑操期间，若有既不跟本班队伍跑操又不到指定处所见习，而在教室或其他处所逗留者，一旦发现，均按旷操处理。旷操一次按旷课一节论。

六、旷操和见习人数都要纳入班级、年级的常规管理量化，并参照相关规定进行处理。量化的具体标准及要求如下。

1.本规定第四、五条中涉及的旷操行为，要按相关规定进行量化，严重者还要按照相关纪律规定进行处理。

2.每个班级每天跑操见习人数不得超过3名（学校教育处发放见习证的人数除外），以此为基准，每超过1名见习生，则在该班“三操”量化中扣1分，每减少1名见习生，则在该班“三操”量化中增加1分。

3.若班级出操人数与跑操见习人数、旷操人数之和小于班级实际总人数（因公外出人数除外），每少1名，则在该班“三操”量化中扣3分。

七、跑操见习生要在规定的时间到指定的地点以年级为单位列队走步，走步结束后，有学校教育处签发的“跑操见习证”的同学可凭证离开体育馆（见习地点）；其他同学凭年级见习证、学生证逐一进行报登，登记完毕后统一离开体育馆（见习地点）。

八、学校对各班、各年级跑操见习及相关情况，每两周公布一次。

九、不属特殊病情而每学期跑操见习累计达40次及以上者，不能被评为三好学生，不能享受学校各种奖学金。

十、每学期期末，教育处要对各个班级、各个年级的跑操见习情况进行统计汇总。依据检查统计结果，若班级平均跑操见习人数（教育处签发“见习证”人数除外）达3人及以上，则取消该班先进班集体的参评资格。

十一、本规定的解释权在教育处。

## 第十二节　关于爱护公物的暂行规定

为了提高学生正确使用、管理、维护和爱护公共财物的能力与意识，培养学生爱护公共财物的良好习惯，加强学生的责任感和主人翁意识，特制定爱护公物暂行规定。

一、爱护学校的一切设备。

二、不在墙壁、门窗、桌椅、床铺及黑板等处乱涂、乱画、乱刻、乱挂。

三、开关门窗要轻拉、轻推，以免损坏门窗、震坏玻璃。

四、校园、教室、宿舍要保持整洁优美，室内桌椅要保持整齐；不随地吐痰，不乱扔果皮、纸屑等杂物。

五、正确使用教学仪器，认真做好教学仪器的保管；不随意开关电视、投影仪、日光灯等，以免损坏仪器并影响教学。

六、要爱护卫生工具，用完后放在规定位置摆放整齐。

七、勤俭节约，不浪费一度电、一滴水，光线充足时杜绝明灯现象。

八、爱护学校的花草树木，不从草坪、花池中穿行。

九、如有违反学校规定，损坏、丢失公物，照价赔偿。在找不到责任人时，由公物有损坏、丢失现象的班集体负责赔偿。一旦发现损坏公物现象，随时收取赔偿金，并纳入班级量化。情节严重的给予纪律处分，主动上报的从轻处理。

## 第十三节　学生考勤制度

为创造良好的教育教学秩序，规范学生的请假制度，培养学生遵章守纪的良好习惯，结合我校实际，特制定如下学生考勤制度。

1.考勤范围：学科课（课程表上列的所有学科课）、自习课、班会课、微机课、实验课、阅览课，在校午晚休及全校、年级或班级组织的活动都要列入考勤范围，因故不能参加者要事先请假。

2.考勤类别：事假、病假、迟到、早退、旷课、公假。

3.请假：学生因事、因病或因公不能上课（含一节及以上）、不能在校午晚休或不能参加学校、年级、班级组织的活动，必须由学生本人提出书面请假申请（1天及以上的请假需家长同意并签字），填办请假手续。一般情况下不得捎假、口头请假（含用手机请假）。确有特殊情况不能及时书面请假、填办请假手续的，要在3日内（从口头请假之日起）补办请假手续，否则不予认可。

4.准假：一天以内的（含1天内所有课型及考勤范围的其他考勤内容），由班主任批准；2～3天的，经班主任同意，报年级主任批准；4天及以上的（含缺课、缺考相连累计4天及以上的），除办理以上手续外，还要报主管校长签字批准，并到教育处备案。

5.销假：学生返课、返校后，要及时向所在班班主任销假，否则仍视为旷课。

6.缺考准假审批手续：由学生本人申请、家长签字同意、班主任审核、年级主任批准并报教务处、教育处备案，否则按旷考（逃避考试）论。一般情况下，学生不准连续缺考。

7.因患传染性疾病需离校治疗的学生，其休假情况由年级部负责登记并报教育处备案。返校时由该生提出申请、学校监督复检、相关医院和部门出具可复学证明方可复学，入班时必须携带教育处开具的“准予入班”的证明，否则不准入班。

8.学生事假连续不得超过10天（因公请假除外），累计事假每学期不得超过20天，否则按旷课处理；病假连续不得超过60天，累计病假每学期不得超过80天，逾期仍不能坚持在校学习者，可办理休学手续，否则按自动退学处理。

9.当周内迟到或早退累计3次按旷课一节计算。

10.因事、因病不办理请假手续，擅自离校10天内的，擅自缺课、缺考的，按相关规定处理；离校10天以上（不含10天）的，按自动退学处理。

11.各班级都要建立学生考勤（包括上课、活动、早读、午晚休等）情况报告制，各班级教室、宿舍均要设专人负责考勤的相关工作，发现非正常情况（未请假离校、离宿舍、离教室），除做好该生思想工作外，还要在第一时间向班主任报告。班主任接到报告后，除尽快妥善做好该生的工作外，还要及时向年级主任、教育处、学校相关领导报告情况。各班主任要高度重视学生考勤工作，加强对考勤工作的巡查和管理，及时发现和解决学生生活、学习中发生和存在的考勤问题。

12.各年级部、班主任要认真执行和落实好各项考勤规定，建立好请销假档案。若自行其是，不执行本规定，一旦发现，要追究相关责任人的责任。

## 第十四节 “星级宿舍”评选方案

学生宿舍是学生朝夕相处、相互关联，近似家庭、胜似家庭的特殊集体处所，是学生培养习惯、锻造能力、修炼品德、彰显人格、学会做事、学会共处、学会适应、学会谦让、学会自控的平台，是形成良好班风的基础与保障。为了多角度、全方位地培养学生良好的品德素质、心理素质、行为素质，让追求和谐、追求高尚、追求团队、追求健康真正成为我校学生的习惯，经学校研究确定，从本学期开始，启动新的“星级宿舍”评选办法。

**一、等第设置**

针对集体宿舍的特点，结合我校学生宿舍的实际，为进一步实现激励管理、科学管理、规范管理，在学生宿舍中培育榜样、创造品牌，以点带面、全面提升学生宿舍管理的品位和水平，经学校综合考虑，“星级宿舍”设置3个等第，即“三星级宿舍”“四星级宿舍”“五星级宿舍”，其他宿舍分为3个等第，即“优秀宿舍”“合格宿舍”“不合格宿舍”。

**二、评价标准**

**（一）“三星级宿舍”标准**

1.空气清新，内务整洁。

（1）按学校要求每天开窗通风。

（2）被褥叠放规范（呈“豆腐块”状，棱角明显）。

（3）铺面平整无褶。

（4）床单、枕巾洁净。

（5）窗明几净、地面清洁。

（6）物品（暖壶、漱口杯、牙刷、毛巾等）摆放整齐、有序。

（7）无影响宿舍整体内务水平的死角。

2.文化高雅，引人向上。

（1）宿舍命名新颖别致、内涵深刻、激人奋进，且张贴在学校指定位置

（门口显眼处）。

（2）宿舍简介卡内容简洁、丰富、富有亲和力（内容主要包括舍员合影、铺位分布、舍风或追求目标），并按学校要求贴在指定位置（检查口下侧）；

（3）宿舍文化渲染主题突出、健康向上、布置简洁巧妙，且对墙面、固定物的污染降到最低。

3.自主管理，行为规范。

（1）按学校规定时间回归宿舍。

（2）按学校规定时间、要求就寝。

（3）就寝期间无违规、违纪行为。

（4）按时起床。

（5）不带违规食品进校，不在就寝时间吃零食。

（6）爱惜公物，宿舍设施无损害。

**（二）“四星级宿舍”标准**

安全防范，细致入微。除具备“三星级宿舍”标准以外，还要具备下列标准。

1.人走锁门，钥匙随身。

2.贵重物品（钱、手表、储蓄卡等）存放安全、无丢失现象。

3.宿舍门、门鼻有坏，做到及时报修。

4.更换门锁要及时将钥匙（1把）交给楼管。

5.宿舍发生意外情况，做到既能控制事态发展，又能在第一时间向班主任、学校行政值班人员报告。

6.坚持做好常规安全、防疫报告制。

**（三）“五星级宿舍”标准**

团结友善，温暖如家。除具备“四星级宿舍”标准以外，还要具备下列标准。

1.互尊互敬，互献爱心。

2.互为挚友，真诚相待。

3.快乐同享，有难共当。

4.关系融洽，亲如兄弟（姐妹）。

5.且有两例及以上典型事例（以文字材料说明，每份材料不少于300字）。

**三、评价要求及相关说明**

1.“星级宿舍”每项标准满分100分。

2.“三星级宿舍”量化总分不少于270分、单项得分不少于80分。

3.“四星级宿舍”量化总分不少于360分、单项得分不少于80分。

4.“五星级宿舍”量化总分不少于450分、单项得分不少于85分。

5.不同等第的“星级宿舍”对应的标准是固定的，不得任意挑选。

6.“三星级”及以下宿舍的评价标准为“三星级宿舍”标准，按照量化的标准确定出3个等第，即“优秀宿舍”“合格宿舍”“不合格宿舍”。“优秀宿舍”三项量化总分不得低于240分，“合格宿舍”3项量化总分不得低于180分，179分及以下的为“不合格宿舍”。

**四、评选程序、产生办法及相关要求**

1.“星级宿舍”“优秀宿舍”评选程序：①宿舍申报→年级筛选、择优推荐→综合评定（将平时检查量化得分的60%、综合联查量化得分的40%计入最后得分）→确定等第（按照男女宿舍系列划分，依照各等第宿舍规定的评定数量，根据各系列宿舍各自最后得分，由高到低确定出各系列的等第宿舍）；②综合联查原则上实行南、北校区对查，联查组由教育处牵头，年级部、学生会参与，组成联合检查组。

2.各等第宿舍所占总宿舍数的比例：“五星级宿舍”数额占宿舍总数的8%～9%；“四星级宿舍”数额占宿舍总数的17%～18%；“三星级宿舍”数额占宿舍总数的17%～18%；“优秀宿舍”数额占宿舍总数的24%～25%；“合格宿舍”“不合格宿舍”的数量按量化实际得分，据实确定。

3.按照上述规定的各等第“星级宿舍”“优秀宿舍”所占比例，根据各年级男女宿舍的总数量，学校“五星级宿舍”“四星级宿舍”“三星级宿舍”“优秀宿舍”的推荐数量按年级、分系列（男女）下放到各年级部。各年级部要对照各相应等第宿舍的评价标准，结合本年级各宿舍的平时量化情况择优推荐。推荐数额是评定数额的1.2倍。

经摸底测算，各年级推荐各等第“星级宿舍”“优秀宿舍”的数量分别为（具体略）。

4.各等第宿舍的最后确定按男女宿舍系列划分，参照男女宿舍预先确定的评定数额，根据各申报等第宿舍的最后量化得分，从高到低，分别依次确定出各等第的宿舍，不照顾年级平衡（校区内）。

5.为防止和避免“不讲质量，随意滥报”现象的发生，学校规定，凡申报等第与最后结果相比，低两个等第的，取消该年级参评等第宿舍的下次申报资格。

6.等第宿舍的评选，一般每学年 5 次，即上学年评定 3 次（10月中旬、12月上旬、次年1月中旬）、下学年评定2次（3月底5月中旬）。

7.所有“星级宿舍”“优秀宿舍”的申报、推荐，都要在学校规定的时间内进行，逾期无效。

8.宿舍成员中若有因严重违纪受“留校察看”及以上处分者，该宿舍不得申报“星级宿舍”“优秀宿舍”。若在评选中出现上述情况，则取消该宿舍参评资格。

五、奖惩与表彰

1.对每期评出的“五星级宿舍”“四星级宿舍”“三星级宿舍”“优秀宿舍”，学校将通过广播、橱窗、校内报纸（《教育通讯》《衡中时空》）等形式进行宣传表彰。表彰内容不仅涉及宿舍，还要涉及班级及宿舍长。

2.学校在各宿舍楼内显著位置处设立“星级宿舍”公告栏，以彰显先进、宣传典型。

3.学校对每期评出的“五星级宿舍”“四星级宿舍”“三星级宿舍”颁挂标志牌；对连续两次被评为“五星级宿舍”的，学校除通过一定形式表彰外，还要为其颁挂“明星宿舍”标志牌。

4.“五星级宿舍”“四星级宿舍”“三星级宿舍”“优秀宿舍”的所在班级，在“先进班集体”“明星班级”评选中要适当加分（可以累加），各相应宿舍的宿舍长在“十佳宿舍长”、“优秀学生干部”、“优秀团干部”、“模范团员”评选及入党积极分子的确定、预备党员发展中都要给予政策倾斜和加分。

5.在宿舍检查量化过程中，量化分数不达标的宿舍（179分及以下）为“不合格宿舍”。学校对“不合格宿舍”除要求限期整改外，还要对该宿舍以及宿舍所在班级、年级和宿舍长在一定场合通过一定形式进行通报批评。对批评无效的，学校将进一步采取措施，真正根除“不合格宿舍”，确保宿舍管理不断攀上新台阶。

# 第十五节　三好学生、优秀干部、先进班集体、模范班主任评选标准及评选参考办法

## 一、三好学生评选标准

1.热爱祖国、热爱社会主义、热爱中国共产党，有理想、有道德、有文化、有纪律，有坚定正确的政治方向，有正确的人生观、价值观。

2.具有优良的道德品质、遵纪守法的观念和良好的文明行为，模范遵守和执行学生守则、学生日常行为规范和学校有关规章制度，无任何违法违纪行为，具有健康的心理品质和健全的人格。

3.学习勤奋，成绩优异，注重实践动手能力，有较高的综合素质及创新能力，各科成绩达到良好以上，学业水平考试科目必须为全B等级以上。

4.积极参加体育锻炼，身体健康，有良好的个人卫生习惯，体育成绩及按照《国家学生体质健康标准》测试达到良好以上。

## 二、优秀学生干部评选标准

1.德才兼备，品学兼优，具备三好学生的各项条件。

2.积极参与学校教育改革和各项集体活动，配合学校和老师主动开展管理工作，表达能力强，善于调动同学的积极性，在学校或班级工作中大胆创新、成绩突出。

3.热心为同学和他人服务，有一定的组织能力，骨干作用强，在学生集体中有较高威信。

4.年级学生会干部、学校学生会干部均在所在班和年级参加三好学生、优秀学生干部的评选。

## 三、先进班集体评选标准

1.有政治坚定、团结协作、以身作则、联系同学的班级领导核心，有和谐向上、乐于奉献、遵纪守法、热爱集体、朝气蓬勃、文明健康的良好班风，有勤奋、求实、创新的优良学风；

2.积极开展和参加有益的社会实践活动、社会公益活动、文体科技活动、学校各项比赛活动。

3.全班养成了说普通话、写规范字的良好习惯。

4.班级行为量化成绩、考试成绩在年级本系列列前。

**四、模范班主任标准**

1.热爱中国共产党，热爱社会主义，坚持正确的政治方向，坚持四项基本原则，思想上、行动上始终与党中央保持一致。

2.忠诚党的教育事业，有高尚的师德修养，关爱学生、培养学生、发展学生，以身立教，为人师表，深受学生的欢迎。

3.积极投身教育改革，锐意进取、求真务实、治学严谨、一丝不苟，教学成绩突出。

4.管理班级有方、措施得力，班级行为量化成绩、考试成绩在本系列列前。

5.有较扎实的班主任专业知识和较强的班主任专业能力。

**五、名额分配**

略。

**六、评选要求及原则**

**（一）评选要求**

各个年级要高度重视本项评选活动，把此项评选工作作为强化我校德育和促进学生健康成长的一项重要工作来抓，严肃认真地落实好每个评选细节，坚决防止和杜绝草率行事、敷衍了事的现象发生。

**（二）评选原则**

在整个过程中要充分发扬民主，征求各方面的意见，增加透明度，认真坚持好“公平、公正、公开”的原则。

**七、三好学生、优秀学生干部评选步骤及产生办法**

1.各级部要按照上述相关的评选标准，结合学校分配给本年级的“三好”“优干”名额，结合本年级实际，依照学生、学生干部的思想、学习、身体、工作态度、工作成绩制定出操作性强的评选细则。

2.确定候选人，实行差额评选：按照“三好”“优干”评选细则及学校分配的“三好”“优干”数额，产生候选人；正式当选人与候选人的差额比例为1：1.4（小数部分四舍五入）。

3.由该班全体学生对各类候选人分别进行投票表决，按得票多少的顺序和当选人的数量由高到低产生“三好”“优干”。

**八、先进班集体、模范班主任产生办法和量化细则**

**（一）产生办法**

1.班主任在班级建设中起着举足轻重的作用，班主任与班集体是不可分割的有机统一体。

2.“先进班集体”“模范班主任”的评选实行“双分捆绑式评选”，即将班级的行为量化得分、班级期考成绩量化得分、班主任履行职责、专业能力量化得分和班级学生荣誉、班主任工作及荣誉得分相加，按照总分多少顺序，参照学校下达的当选人数量，依次确定出“先进班集体”“模范班主任”。

**（二）量化计分细则**

量化分设四项。

1.班级行为量化（满分100分）

根据本学期行为量化成绩排名（可在本系列排名）计算得分。第一名100分，最后一名60分，其他班级依照排名先后按一定的梯度计算得分。

2.班级期考成绩量化基本分（满分100分）

根据班级本学期考试成绩综合排名（可在本系列排名）计算得分。按照本学期历次期考成绩，结合本年级实际，由各级部制定班级期考成绩综合排名办法和计分方法。

3.班主任职责履行、专业能力量化基本分（满分40分）

（1）学生评价（20分）

按本学期评教成绩计算得分。

（2）年级评议（20分）

根据平时到位，配合工作情况，是否有体罚、语罚现象等。

4.班级学生荣誉加减分，班主任工作及荣誉加分

（1）班级学生荣誉加减分（最高不超过30分，超过后最高按30分计，其他按率折合）

①代表学校参加市级及以上比赛（非学科知识方面、非专业技能），每人次市级5分、省级8分、国家级12分。

②本学期本班学生因严重违纪，受到留校察看、记过、改变学习环境等纪律处分的，每出现一人次（班主任发现不计）分别扣3、5、8分。

（2）班主任工作及荣誉加分（最高不超过30分，超过后最高按30分计，其他按率折合）

①组织家长进课堂：每组织一节家长课堂，加2分，质量高、效果好的，一节加3分。

②本学期在全校班主任会上（含校区全体班主任会），每发言一次，加3分。

③本学期在年级班主任会上，每发言一次，加2分。

④在班主任素质大赛、德育创新标兵评选中，获得一等奖加10分、二等奖加8分、三等奖加5分。

⑤在本学期班主任职级评定中，每获评一次“优秀”者，加3分。

⑥本学期在年级及以上范围内，上一节班会公开课加5分。

⑦本学期在市、省、国家级刊物上发表论文，每篇分别加3分、5分、7分。

⑧德育方面荣誉，市级5分，省级8分，国家级12分。

⑨德育课题（按结题的算），市级5分，省级8分，国家级12分。排名前三，其他按1/2计。

**九、有下列情况之一者，不得被评选为三好学生、优秀学生干部**

1.受年级、学校通报批评及以上纪律处分者。

2.本学期缺操次数累计达40次及以上者。

3.本学期因病、因事缺课达3周及以上者（因公除外）。

**十、有下列情况之一者，不能被评为先进班集体**

1.本学期班级中有受“留校察看”2人或者“改变学习环境”1人（班主任发现不计，年级部或其他部门、人员发现的按实际发现人次计，不含一人次）。

2.行为量化成绩学期总评、期考成绩学期量化总评低于各系列规定的最低名次者（由年级部定），不能被评为先进班集体。

**十一、有下列情况之一者，取消模范班主任评选资格**

1.有悖于中小学教师职业道德规范，造成不良影响者。

2.所带班级教学成绩、行为量化排名低于各系列规定的最低名次者（由年级部定）。

3.班级学生出现严重违法违纪现象，给学校声誉造成恶劣影响者。

**十二、其他**

各级部要参照本通知要求及精神，结合本年级的特点制定出具体的量化细则，量化内容不能少于学校要求的四方面。

# 第十六节　关于学生干部选拔任用、培养与管理的暂行办法

学校的根本任务就是使受教育者在德、智、体、美、劳等各方面都得到发展，成为社会主义事业合格的建设者和可靠的接班人。这就要求我们不仅要培养大批的知识型人才，而且要培养一批管理型人才，只有这样才能适应社会的发展、国家的需求，才能保证我们党和国家的事业后继有人、兴旺发达、长盛不衰。我校作为一所省级示范性高中，理应在此方面做出表率。为了把有志向、有道德、有能力的学生吸纳到干部队伍中来，发挥他们在学校各个领域民主管理、自主管理的积极作用，规范学生干部的选拔任用、培养和管理，特制定如下办法。

**一、基本任职标准及相关规定**

**（一）基本标准**

1.爱祖国、爱学校、爱班级，甘愿服务集体、服务同学，有强烈的集体主义荣誉感。

2.人格健全、品德高尚、团结同学、亲近同学，会做事、会共处，在同学中有亲和力、感召力、影响力。

3.严于律己，宽以待人，时时、处处、事事做同学的表率。

4.谦虚谨慎，求真务实，善于在反思中成长和提升。

5.学习勤奋，讲究方法，注重效率，成绩优良。

**（二）相关规定**

学生干部不论在哪个岗位都会有一定的社会工作量，都要牵涉一定的精力，占用一定的学习、生活时间。这就要求学生干部，特别是重要岗位上的学生干部，不仅要有良好的政治素质、思想素质、道德素质，还要有较强的业务素质和工作能力。只有这样才能在实际工作中发挥好学生干部的组织作用、管理作用、引领作用，实现良好的工作效益。为此，对不同岗位上学生干部的学

习成绩名次做如下要求：

①担任班级班长、团支部书记，年级、校级学生会主席、副主席职务者，学习综合成绩名次在所在班级列30%及以上；

②担任年级、校级学生会部长及其他干部者，学习综合成绩名次在所在班级列45%及以上；

③担任班委委员、团支部委员职务者，结合学生的爱好和特长，学习综合成绩名次可放宽到班级名次60%及以上；

④担任宿舍长、科代表、小组长（各方面）职务者，对学习成绩不做具体要求，由所在班的班主任根据干部任职标准自行掌握。

**二、任用程序及相关规定、说明**

**（一）类别**

按照隶属关系和工作性质、负责范围的不同，学生干部的类别分为校级学生会干部、校团委会干部、年级学生会干部、班委会干部、班级团支部干部、宿舍长、科代表等。

**（二）具体任用程序**

1.校级学生会干部、年级学生会干部任用程序

群众推荐或自荐、推荐相结合。教育处（年级部）首先按照任职基本标准及要求对群众推荐或自荐、推荐相结合产生的人选进行审核、比较；其次征求年级部、班主任等各方意见，然后依照校级（年级）学生会实际设置指数的1.1倍择优确定出校级（年级）学生会候选人。教育处（年级部）在候选人所在班级进行民主测评，按照赞成率从高到低依次确定出校级（年级）学生会组成人选（赞成率低于70%及以下的不能当选）。教育处（年级部）在校级（年级）学生会成员内部组织进行自荐和推荐，结合各成员的综合素质和特长，通过个别谈话、多方征求意见，按校级（年级）学生会主席、副主席实际设置指数的1.5倍择优确定出校级（年级）学生会主席、副主席候选人。召开学生代表大会（高一、高二年级，每班7名代表），通过“假如我是学生会主席”或“我当学生会主席的工作方略”演讲，由学生代表表决产生校级（年级）学生会主席、副主席。

2.校、班团委会干部任用程序

校团委委员的任用程序，班级团支书、团支部委员的任职程序由学校团委会按照上述有关任职标准及要求制定具体任用办法；团干部任用遵循的原则是：班级团干部须经学校团委会审核、批准后任用，校级团委会干部须报学校党委审核同意后任用。

3.班委会干部任用程序

群众推荐或自荐、推荐相结合。班主任首先按照任职基本标准及要求对推荐或自荐、推荐相结合产生的人选进行权衡比较；其次，征求科任老师的意见，然后依照班委会实际设置人数的1.5倍择优确定班委会组成候选人。召开班级学生大会，从班委候选人中投票选出班长、副班长、班委委员或由候选人进行“假如我是班长”或“我的带班方略”演讲。全班学生根据演讲人的演讲效果，投票表决产生班长、副班长、班委委员。

4.宿舍长、科代表任用程序

群众推荐或自荐、推荐相结合。由班主任、科任老师根据任职基本标准及要求，权衡群众推荐或自荐、推荐相结合所产生人选的责任心、综合素质择优确定。班主任确定宿舍长，科任老师确定科代表。

## 三、教育培训与管理

### （一）教育培训

学生干部不论职位高低都是学生的勤务员、学校的勤务员，所做的一切理应就是付出，就是奉献，就是服务，就是慎独，就是表率，就是旗帜，就是自主自发，就是表里如一、言行一致。为了不断提升学生干部的综合素质和自我约束、自我反思、自主管理和自主教育的能力，树立学生干部在学生中的形象，最大限度地调动学生干部在学校各项工作中的积极性，实现学生干部在学校民主管理、学生自主管理中的最佳效益，必须加强对学生干部的教育培训，这是始终保持学生干部政治本色所必须坚持并不断加强的重要措施。

1.要求与期望

（1）珍惜学生的拥护，牢记自己的承诺，勿忘老师的信任与教诲。

（2）严于律己，宽以待人，时时、处处、事事做同学的楷模。

（3）忠于干部岗位职责，做到服务学生、善于管理、勤于反思、勇于负责。

（4）要心有大志、胸有目标，从岗位练就，在自身凸显，为将来成为适应社会发展的素质全面的管理栋梁奠基。

（5）权力是有限的，但责任是无限的，要用有限的权力去尽无限的责任。

2.教育培训的原则、形式及要求

（1）教育培训原则

学生干部教育培训应遵循下列两项原则：一是谁任用、谁教育、谁培训的原则，二是学校集中培训与年级集中培训相结合的原则。学校学生干部培训由教育处负责，年级学生干部培训由各年级部负责。

（2）教育培训的形式及要求

①学生干部的培训可采取工作交流、专题研讨、主题论坛、理论学习、工作汇报、工作布置及调度等多种形式进行。

②校级学生会、年级学生会、校团委会、班委会、团支部、各班宿舍长均实行例会制，一般情况下，每两周举行一次，具体时间、会议主题、内容由主持人确定。校级学生会例会由教育处主任、教育处主管干事或学生会主席主持，年级学生例会由年级德育副主任或年级干事主持，校团委会例会由校团委书记、副书记或教师团委委员主持，班委会例会由本班班主任或班长主持，班团支部例会由团支部书记主持，各班宿舍长例会由本班班主任或班长主持。各级学生干部例会一定要会前做好充分准备，明确会议的主题、会议要解决的问题、安排调度的工作，确保会议质量，坚决防止和杜绝开空会、空开会的现象，力求做到开实会、开短会、开有效会。

③学校教育处、校团委会每学期要召开一到两次全校班委会、团支部成员以上干部培训会，召开一到两次全校宿舍长培训会。各年级也要参照上述要求，定期开好本年级学生会干部、班委会干部、宿舍长培训会。培训会的形式、内容、具体时间分别由教育处、团委会、年级部、班级酌情确定。

④为使学生干部的教育培训落到实处，学校要定期不定期地对各级学生干部教育培训情况进行问卷测评，并把测评结果纳入班级、年级、处室的工作量化，坚决克服只使用、不培养，重使用、轻培养的不良倾向。

### （二）管理

1.学生干部原则上实行谁任用、谁管理的原则。校级学生会干部由学校教育处直接管理，年级学生会干部由各年级部直接管理，团委会干部由校团委会管理，团支部干部由校团委管理并听取相关班主任、年级部意见，班委会干部、各班宿舍长由该班班主任管理。

2.各级、各类学生干部从本办法执行之日起均实行学生干部档案制，即学校学生会干部、各年级学生会干部、各班委会干部、各宿舍长等通过本办法规定的程序确定后，均要到学校教育处统一备案。校团委会干部、各团支部干部均要到校团委会统一备案，未备案者学校一律不予认可。

3.校学生会原则上一学年进行一次换届，年级学生会、班委会、团支部原则上一学年调整或换届一次，时间均要在每年的9月底前完成。

4.学校教育处、各年级部、各班级均要在学生干部换届前分别对其所管的现任学生干部进行一次民主测评（形式和参与人由测评人确定）。满意度达到80%及以上者，可以连选连任；满意度不足80%者，不得参选下届学生干部，也不得当选校级及以上优秀学生干部。

5.任学生干部不满两年的，原则上不得推荐为市级及以上优秀学生干部、优秀团干部。

6.对因违规违纪受到学校纪律处分的学生干部，可根据所犯错误的情节轻重和认识态度的好差，给予调岗、降级、撤销职务等处理。

**四、建立激励机制**

为了激励学生干部立足岗位、努力工作、勇于付出、创造佳绩，培养他们的创新精神、拼搏精神、奉献精神、合作精神、争先晋位精神，提升他们的亲和能力、榜样能力、组织能力、引领能力，特建立如下长效机制。

1.每学期末，教育处、年级部、班级要分别对各自管理的学生干部进行一次考评，并在此基础上评选出优秀学生干部，即校级学生会优秀干部、年级学生会优秀干部、班级优秀干部、团委优秀干部、团支部优秀干部，评选的优干比例为各级各类学生干部总数的40% ~60%（具体比例根据学生干部所在的工作岗位、班级、部门酌情而定）。

2.随着新“星级宿舍”标准的启动，结合“等第宿舍”的评比量化结果，在全校范围内开展“百名优秀宿舍长”评选活动（每学期评一次），并形成常规。

3.凡获得各种荣誉的学生干部，学校都要通过一定形式对其进行宣传与表彰，并将所获荣誉记入学生干部本人成长档案。

4.学校要建立优秀学生干部、优秀团干部事迹信息库，有效积累教育资源，充分发挥优秀学生干部资源在学校发展中的作用。

5.对优秀学生干部、团干部进行精神上激励、政治上吸引，为他们搭建更多更好的发展平台。学校在推荐市、省级三好学生、优秀学生干部，培养入党积极分子，发展中共预备党员以及评定省市级及以上荣誉时，对校内优秀学生干部、团干部均实行优惠倾斜政策。

图书在版编目（CIP）数据

衡中开学手册：家长版 / 郗会锁， 王建勇主编．--
北京：人民日报出版社，2021.7
ISBN 978-7-5115-7063-5

Ⅰ．①衡… Ⅱ．①郗… ②王… Ⅲ．①高中生一入学教育
Ⅳ．①G635.5

中国版本图书馆CIP数据核字（2021）第115845号

书　　名：衡中开学手册：家长版
HENGZHONG KAIXUE SHOUCE：JIAZHANG BAN
作　　者：郗会锁 王建勇

出 版 人：刘华新
责任编辑：郭晓飞
封面设计：金　刚

出版发行：人民日报出版社
社　　址：北京金台西路2号
邮政编码：100733
发行热线：（010）65369527　65369846　65369509　65369510
邮购热线：（010）65369530　65363527
编辑热线：（010）65363486
网　　址：www.peopledailypress.com
经　　销：新华书店
印　　刷：大厂回族自治县彩虹印刷有限公司

开　　本：710mm×1000mm　1/16
字　　数：220千字
印　　张：12.75
版　　次：2021年7月第1版
印　　次：2023年7月第4次印刷

书　　号：ISBN 978-7-5115-7063-5
定　　价：40.00元